「無限」を生きるために

谷口清超

日本教文社

はしがき

この世の中は五感を超越し、六感を超越している。五感と言うと、目や耳や鼻や口や皮膚での感覚で、さらにこれらを越えた直感のようなものを加えて六感と言う。だから無限の世界は、考えられても、見ることも出来ないし、聞くこともできない。

たとえば「宇宙は無限だ」と言っても、誰も見たことはないだろう。「無限からの通信」を聞いた人もいない。つまりこの物質世界は「有限の世界」ということになる。ところが、この本に『「無限」を生きるために』と題をつけたのは、この世の瑣末《さまつ》な生き方ではなく、「神の国」のすばらしさを、この世にも現したいと思ったからである。

しかし中には「神の国」なんかないと思っている人もいるから、「無限」というコトバで言い換えたのだ。「神の国」を否定している人は、よく「そんな国があるなら、見せてくれ」とか「神の声を聞かせてくれ」などと言う。しかし前にも言ったように、「無限」は見えないし、そこからの声も聞こえない。

ときには「私は神の声を聞いた」と言う人もいるし、「神の国のすばらしい光景を見たよ」と言う人もいる。しかしそれが果たして本当の「神の国」かと言うと、その証明は誰にもできない。ただその人が、そう思ったと言うだけである。多くの場合、自分で無意識に小声でしゃべったり、幻覚したことである。そんなことでは「実在世界」のことは分からないのだ。

この「実在」とは、「本当にある」という意味で、しばらくすると無くなるようなものを実在とは言わない。宗教的には「実相」ともいうが、仏教では「真如《しんにょ》」とも言う。何とも言いようのないことを「如《にょ》」と言うのだ。つまり「何々の如し」と言うように、間接的にいうほか言いようがない「無限」、すなわち「神の国」を表すコトバである。

その「神の国」が不完全で、いつか壊れて無くなるものなら、「無限」ではない。そんな「神様」などは、信じても祈っても、頼りなくてつまらないだろう。無限にならない世界、それは完全でなくてはならない。不完全な物ほど、はやく崩壊する。だから「無限」が「実在」であり、「実相」だと言えるのである。

この「神の国」をこの世に出来るだけ現し出したいのだ。そうすればこの世は、それだけ素晴らしくなる。ところが幸い、この世には、心で観《み》る通りが現れるという「心の法則」がある。だから「心」の観方《みかた》がとても大切で、その応用例が本文に書いてあるから、どうかこれらを読んで頂きたい。

第一章は、この世は鏡である。

第二章は、執着を放とう。

第三章は、魂の向上のために。

第四章は、神意に帰一する。

であり、きっと何かのお役に立つだろうと思う。いつものように、今回も、日本教文社の編集部の方々に大変お世話になった。又都道府県の教区の方がたにも、実例などで参加して頂いたことを、心から厚く感謝申し上げる次第である。

平成十五年三月十日

谷口清超しるす

「無限」を生きるために

目次

一、この世は鏡である

道は必ず開ける

「心の法則」がある

この世の中には、楽しいことや辛《つら》いこと、ありがたいことや、ありがたくないことなど色いろ起るが、どちらが好ましいかというと、勿論《もちろん》楽しくて、ありがたいことの方である。誰《だれ》でも事故にあって苦しんだり、被害者になって入院したりすることは嫌《いや》である。しかしこの世の中には「心の法則」が通用するから、嫌だと思って、〝安全地帯〟ばかりを歩くわけにも行かないのだ。

仕事で夜おそくなり、暗い夜道を自宅に帰ろうとする時、突然無謀運転をする車が現れて、あやうく轢《ひ》かれそうになったという方もおられるだろう。中には、運悪くハネとばされて大怪我《けが》をしたという人もいる。このような時、加害者の運転者を恨んだり憎んだりするかも知れないが、いくら恨んでもそれによって怪我が早く治るということはありえない。というのは、恨んだり憎んだりすると、人間の「自然治癒力」「免疫力《めんえき》」が弱ってしまうからである。

人の病気や怪我は、結局この「自然治癒力」「免疫力」「抗原抗体反応《こうげんこうたい》」によって治るのである。この治癒力は人体には必然的に内在している生命力だから、誰にでもある。しかし中にはこの力が生れつき非常に乏《とぼ》しい人もいて、このような気の毒な人を〝先天性免疫不全症候群〟という。一方先天性でなく、後天的にウイルスの感染によって起る場合を〝後天性免疫不全症候群〟と言い〝エイズ〟などがその代表的な呼び名である。（エイズはAcquired Immune-deficiency Syndromeの略語AIDSのことで、ウイルスによって感染し、ほとんどの患者は二、三年で死亡する）

勿論怪我や病気の場合、適当な医療を受けるのもよいが、どんな手術をうけたとしても、最終的な治癒はこの「自然治癒力」の働きによって細胞を復活再生させるのだから、とても大切な治癒力であり、その力は恨みや憎みなどの「暗い心」によって減退し、明るい心や笑いや感謝の思いなどによって増大するのである。だから全ての人は、できるだけ「明るい感謝の心」で生活することが何よりも大切だ。たとえ事故の被害者になってもやはり「明るい心」で、相手を恨んだり憎んだりしないことが良い。従って加害者よりも被害者の方が「恵まれている」とも言える。何故《なぜ》なら加害者は、その悪い行為によって、次にいつか〝悪い報い〟を受けるのが「心の法則」であり、「業《ごう》の法則」だからである。

無言の人たち

例えば平成十三年十月二十八日に総本山*の団体参拝練成会*で、Fさん（昭和二十四年八月生まれ・公務員）という方が、次のような体験を話されたことがあった。匿名《とくめい》と匿住所《とくじゅうしょ》を希望されたのでFさんとだけにする。彼が「生長の家」を知ったのは二十九年前のことだ。永年患《わずら》っていた姉さんの肝臓病が、近所の人にすすめられ教区の練成会*に参加し、帰宅したその日から快復したことから、Fさんの母親が入信した。そのため家庭の雰囲気が明るくなったので、Fさんも大いに感ずる所があり入信した。何故なら、「明るい心」は誰でも大好きであり、明るさが明るさを呼ぶからである。

ところが現実世界では、どうも「暗い人」が多いのは残念なことである。ことに最近は、人に会っても挨拶《あいさつ》もせず、物も言わないような人が増えて来たようだ。例えば平成十三年十二月二十二日の『産経新聞』には、東京都板橋区に住む小高みかさん（30）が、こんな投書を寄せておられた。

『先日、インターホンが鳴りモニターを見ると、郵便局員の方が映っていました。返事をしたのですが、何も応答がありません。取りあえずハンコをもって玄関を開けると、無言で郵便物を渡してクルッと振り返り、引き返そうとしました。

私は無愛想な態度に腹が立って「どうして無言なんですか」と大声で叫んだのですが、その郵便局員は無視して行ってしまいました。

私の職場に訪れる人もそうです。無愛想な表情でしかも無言で郵便物を押しつけ、帰って行きます。どうして「速達です」などの一言が言えないのでしょうか。

区役所や法務局などの職員にも態度の横柄な人がいます。もちろん、ごくたまに感じのいい人はいますが…。

最低限のマナーのできていない公務員が多いので、礼儀作法などの常識を教育する必要があるのではないでしょうか。（会社役員）』

このようにして無言でいたり、不機嫌な表情をしていると、当人の運命も悪くなり、苦しいことや困ったことが寄り集まってくる。だから、とにかく易しいこと、例えば「明るく返事をする」とか、一言「郵便です」とか「ありがとう」とか言うなどを練習することが大切だ。

ところで一方Fさんは若いころ生長の家の青年会*に入り、練成会にも参加したり、生長の家の本も熱心に読んだりしたが、いつの間にか信仰生活を怠るようになり、誌友会*からも遠ざかった。すると平成十二年の九月十四日のことだ。午後六時四十分ごろ仕事を終えて車を運転しながら自宅に帰っていたとき、信号機のない横断歩道を渡ろうとしていた六十四歳の女性をハネたのである。

その道がカーブしていて、対向車が来ていたが、夜の六時四十分頃でライトをつけていて、歩行者を避けきれず、彼女にサイドミラーがぶつかって、ハネたのだった。

そこでFさんは早速救急車を呼び、その後警察の取り調べを受けて帰宅した。そして奥さんに事故のことを告げると、奥さんはこんなことを話してくれた。母（奥さんには姑《しゅうとめ》）が顎《あご》の淋巴《リンパ》腺の腫瘍《しゅよう》の手術をすることに決まったというのである。不幸なことが同時に二つ重なったのだ。

愛と赦しの心

それを聞いてFさんは、膝の力がガクッと抜けるような気がした。あとで分かったのだが、この被害者の女性は頭部損傷で、しかも意識不明の重態だった。そこで翌日Ｆさんは宇治の別格本山*と総本山とに〝神癒《しんゆ》祈願*〟の手続きをした。当日は休日だったので、『甘露《かんろ》の法雨《ほうう》*』というお経を一日に何回も読誦《とくじゅ》し、平安を祈った。さらに次の日からもこの聖経《せいきょう》*読誦を続けたのである。

すると最初のうちはＦさんの奥さんと、高校生の息子さんも一緒になって聖経読誦をしてくれた。Ｆさんは職場に行っても、昼休みの時間にはパンと牛乳を買い、車で近くの神社の境内に行き、駐車した車の中で『甘露の法雨』の読誦をした。さらに病院に行き、その廊下の片隅でも同様に聖経読誦を行った。

やがて被害者の女性が手術をうけるという九月二十七日になると、Ｆさんは仕事を休み、病院の廊下の隅で『甘露の法雨』を読誦した。こうしてやっと被害者の女性は一命を取り留めることができたのである。その後彼女は二十二日間ＩＣＵ（集中治療室）に入っていて、やがて一般病棟に移されたので、Ｆさんは見舞いに行った。

どんな回復状態かと心配していたが、お顔を見ると意識がハッキリして、言葉もしっかりしておられたので、救われたような楽な気持になった。しかしＦさんが体験発表された時点では、まだ加療中だということだったが、Ｆさんはこれからも祈りを続けつつ、誠実に対応していきたいと話されたのである。

一方Fさんの母も、この事故を心配して下さり、自分が入院しながらもこの女性の回復を祈っていて下さっていた。すると母の手術も無事に終った。自分が手術を受けながら、さらに他の病人の回復を祈り続けるということは、すばらしい行為であり、自分自身の免疫力の回復にも直結するのである。

さらに驚いたことに、被害者の女性の息子さんが、Fさんの母の入院している病院に見舞いに来て下さった。それまでFさんはこの息子さんに、自分の母がどこの病院に入院しているかとは告げていなかった。ところがこの息子さんは、わざわざ自分で入院先を調べて見舞いに来て下さった。まさに愛念は愛念を呼ぶということであり、そこには恨みや憎しみは全くなく、ただ愛と感謝の思いがあるのみだったと言えるであろう。

だからFさんは、最大限に赦《ゆる》して下さった被害者とその家族や関係者の方々に心から感謝した。又被害者が最悪の状態にならないように努力して下さった全ての方がたにも感謝した。すると幸せは幸せを呼ぶ原理により、Fさんは平成十二年の夏、生長の家の講師試験を受けることを勧められ、その試験が十月だったので、とても受験するような状態ではなかった。ところが試験が延期となり、被害者の女性は十二月に日常生活ができるまでに回復して退院された。さらに講師試験の方は平成十三年の二月に行われることになったので、Fさんは受験して、六月に合格されたのである。Fさんは現在相愛会長*を務めておられる教区幹部の一人である。

ダブル・パンチ

このように一旦不幸な出来事が同時に二つも重なった時でも、それを機会に一層信仰を深め、愛と希望と感謝の真心をつくしていると、どのような現象でも、必ず光り輝く姿に変貌してくること、あたかも「光が闇《やみ》を消す如《ごと》く」である。それは肉体的な事故や病気に関する事例ばかりではなく、人生万般について言えるのである。

例えば平成十三年七月八日の飛田給の生長の家本部練成道場*での特別練成会*で、埼玉県新座《にいざ》市野火止《のびどめ》に住んでおられる竹若豊《たけわかゆたか》さん（昭和三十三年五月生まれ）は、次のような体験を話して下さった。平成十二年の六月頃から、中学二年の長男さんが荒れだし、学校での問題行動や警察の補導を受けたりするような事件が続出した。

そこで竹若さんは、父親の自分しかこの子を〝立ち直らせる者〟はいないと思い、今まで家庭を省みなかった自分と訣別する決心をした。そして二十年間勤めた会社をやめ、息子さんと接して暮らしだしたのである。何といっても父親不在の家庭では、子供の教育は不完全になりがちだからだ。しかしこの時も父親がガミガミと叱《しか》るばかりでは何の効果もなく、かえって事態を悪化させるばかりなのである。

ところが竹若さんの場合はどうかというと、息子さんの状態は依然として変わらない。しばらくたった十一月のこと、彼の友達の母である樋口さんに誘われて、竹若豊さんと奥さんの千恵さんは生長の家の講演会に参加した。その後の豊さんはまだ生長の家の月刊誌を読む程度の信仰だったが、闇の中をさまようような状態のまま、数ヵ月をすごしたのである。

すると平成十三年の二月になって、それまで明朗活発で誰からも慕われていた高校一年の長女さんが「学校がいや、勉強もいや、家庭もいや」と言いだした。そして通学途中で突然家出をして行方不明になった。これも息子と娘によるダブル・パンチのような出来事だ。あまりの意外さに、豊さんも千恵さんもどうしてよいか分からなかった。しかし豊さんはまだ「これを乗り切ってやるぞ」という決意を持っていた。

やがて一週間たった時、樋口さんが、地許《じもと》の生長の家の感謝祭*のとき、多くの誌友*さんが、共に家出した娘さんのことを一心に祈って下さった。するとその夜娘さんから連絡があり、次の日は家にもどって来た。そしてそのころまるで精神的に限界に達していたような気持だった千恵さんは、藁《わら》をもつかむ思いで、飛田給にある本部練成道場の三月の一般練成会に参加した。この練成を終えると彼女は見違えるほど明るく元気になって帰宅したのである。

全て心の影

そんなことがあってから三月二十日には、永年入退院を繰り返しておられた父が亡くなられ、葬儀などの忙しい最中に、まだ充分生長の家の教えのことを知らなかった豊さんは、

「なぜこんなに自分が必死になっているのに、悪いことばっかりが起るのか！」

という気持であった。その理由として、心の中の思いが外界に投影されてくるのは、入信するとスグというわけではなく、ある時間や月日が必要だからでもある。丁度《ちょうど》「種子を播《ま》いたらすぐ芽が出るものではない」のと同じことで、大木になると日影のため、発芽に数百年もかかるものもある。ところがその間に、

「もうやめた！」

と思って、播いた種子を掘り出したり、見捨てたりしてはいけない。といってあせって水ばかりそそいでも、かえって種子を痛めつけることもあるようなものだ。やがて竹若さんの家の葬儀も終り、少し落ち着いてきた時、豊さんは数日後にせまった飛田給での一般練成会に行ってみよう、と思いついた。

そこで彼は鉛のように重い心を抱いたまま本部練成道場の門をくぐり、十日間の練成を受けた。数々の行事の中で、〝法供養祭〟*では、家出から帰って学校から退学した娘のこと、将来のことなどをおわびした。〝浄心行《じょうしんぎょう》〟*では彼自身の過去の行いや思いの数々を紙に書いて懺悔《ざんげ》した。

すると今まで家庭の中は息子や娘たちの安らぎの場であるはずなのに、彼自身で堅苦しい〝学校〟を作り、色々と子供達の行動に「目を光らせて監視していた」ということや、彼らを良くしようと管理していた。そしてその思いが通じないと手を出したり、荒々しいコトバで叱ったりした——それが息子や娘の居場所を奪い取ってしまったのだと気がついたのである。

そこで心から「ごめんなさい」という気持で涙を流して懺悔し祈ったのだ。さらに〝先祖供養祭〟*では亡くなった父のことを思い、その父のご恩に対して「本当にありがとうございました」と、心から感謝して祈ることができた。「神想観《しんそうかん》*」や感謝行《かんしゃぎょう》*、伝道実践や笑いの練習もおこなったし、講師の方々の講話も真剣に聞いた。そして、

「私は神の子だ！　実相*は完全円満である！」

という自覚が芽生えてきた。こうして今までの重苦しかった心は日に日に軽くなり、胸の内から気持よさやたのしさが湧《わ》き上がってくるのを実感することができた。

こうして十日間の練成をおえ、生れ変ったような明るい気持で自宅に帰ることができたのである。家に帰って奥さんともよく話し合い、自分達の子供に起きた色々の出来事は、すべて自分の今までの〝心の影〟だったと反省をした。こうして竹若さんの家庭の空気は一変し、娘さんも息子さんも良い方向に進み、娘さんは一日も休まずガソリン・スタンドで元気に働いているという話であった。

竹若さんはかつて設備工事の現場監督や積算業をやっておられ、千恵さんは保母さんとしての仕事をしておられるということであった。

このように人生は人の心で作られて行く長大な芝居のようなものである。しかもこの肉体の生存期間だけの短い芝居ではなく、肉体が死んでも、なお永久に生き続ける魂、即ち本当の自分、「真性の人間」なるものであることを知るならば、その主人公の〝魂〟は、そ

の心によって、現象界という〝芝居の舞台〟で、色いろの役割を演じつつ、自己内在の「神性《しんせい》・仏性《ぶっしょう》」「無限力」「無限の可能性」を表現し、その表現を喜び楽しみ、進歩向上させ続ける「神の子・人間」だということができるのである。

＊総本山＝長崎県西彼杵郡西彼町喰場郷一五六七にある生長の家総本山。生長の家の各種の練成会や宗教行事が行われている。
＊団体参拝練成会＝生長の家総本山に教区単位で団体で参拝し、受ける練成会。練成会とは合宿して生長の家の教えを学び、実践する集い。
＊教区の練成会＝生長の家各教区の教化部で行われる練成会。教化部とは生長の家の地方に於ける布教、伝道の拠点。
＊生長の家の青年会＝生長の家の青年男女を対象とし、生長の家の真理を学び実践する会。
＊誌友会＝生長の家の教えを学ぶ会。主に居住地域単位の日常的な集まり。
＊宇治の別格本山＝京都府宇治市宇治塔の川三二にある生長の家宇治別格本山。毎月各種の練成会や宗教行事が行われている。
＊神癒祈願＝神の癒しによって問題が解決するように祈ってもらうこと。生長の家本部、総本山、宇治別格本山、本部練成道場などで受付けている。

*『甘露の法雨』＝生長の家創始者・谷口雅春著。宇宙の真理が分かりやすい言葉で書かれている、生長の家のお経。詳しくは、谷口清超著『『甘露の法雨』をよもう』参照。（日本教文社刊）

*聖経＝『甘露の法雨』を始めとする生長の家のお経の総称。他に『天使の言葉』『続々甘露の法雨』『聖使命菩薩讃偈』などがある。（日本教文社刊）

*相愛会長＝生長の家の男性のための組織である生長の家相愛会の単位組織の長。

*飛田給の生長の家本部練成道場＝東京都調布市飛田給二－三－一にある生長の家本部練成道場。毎月各種の練成会や宗教行事が行われている。

*特別練成会＝生長の家総裁・谷口清超先生ご指導の練成会。現在、国内五ヵ所の本部直轄練成道場（本部練成道場、宇治別格本山、富士河口湖練成道場、ゆには練成道場、松陰練成道場）と札幌教化部の計六ヵ所で年一回ずつ行われている。又、総本山の団体参拝練成会では、毎回直接ご指導に当たられている。

*感謝祭＝信徒の集いの一種で、通常月初に近隣の会員が相集い、生長の家の運動に共鳴する人たちから納められた聖使命会費を感謝をこめて神に奉納する感謝奉納祭のこと。

*誌友＝生長の家の月刊誌の購読者。

*法供養祭＝生長の家本部練成道場において行われている供養の一種で、聖経『甘露の法雨』の読誦をしつつ、一切の問題が解決するように祈願すること。

*浄心行＝過去に抱いた悪想念、悪感情を紙に書き出し、生長の家のお経『甘露の法雨』の読誦の中でその紙を焼却し、心を浄める宗教行。

*先祖供養祭＝聖経が読誦される中で、一枚一枚の霊牌に書き入れられた先祖の名前を読み上げて、それ

ぞれの霊を呼び招き、供養する宗教行事。霊牌とは、先祖の名前を書き入れる清浄な短冊状の用紙。

＊神想観＝生長の家独得の座禅的瞑想法。詳しくは谷口清超著『神想観はすばらしい』、谷口雅春著『詳説 神想観』（いずれも日本教文社刊）を参照。

＊感謝行＝天地一切のものへの感謝をこめて、道場内の清掃などを行うこと。

＊実相＝神が創られたままの本当のすがた。

心は感応する

親の態度

女性にとって、子供を産むということは、男性にはない「特権」だと言うことが出来るだろう。この点は、平成十三年十二月一日の皇太子妃雅子さまのご安産で、全国民が喜びに湧き立った事実でも明らかである。それどころか全世界にもこの喜びの輪が広がって行ったのである。

しかもそのような喜びは、民間では、その後の父母の子育て如何《いかん》で、さらに拡大するが、また時によるとちょっとした不注意で、行き詰まることもある。それは父母のコトバや行動を、幼い子供たちはみな忠実に見習うからである。例えば平成十三年十一月二十八日の『産経新聞』には〝北京春秋〟と題するコラムで、次のような中国での記事がのせられていた。
『（前略）初冬の北京、ところは在留邦人相手の日本料理店である。寄せなべを前に知人と話し込んでいたところに、隣のテーブルから「水！」という叫び声があがった。目をやると、家族連れのうち十歳ほどの男の子が中国人の仲居さんに空のグラスを突き出している。飲み水を求めていることは明らかとして、叫び声が日本語だったことも唐突な印象を与えた。

ちょっとした日本料理店の従業員なら、この程度の単語はちゃんと理解する。若い仲居さんは、むろんしつけよりサービスを優先させて水差しを持ち出してきた。悠然と大人に水を注がせる子供。「ちょっとボク」と声をかけようかと思ったのだが、酔っ払った中年男が、見知らぬ子供に説教する図は教育的かどうか…。あれこれ考え込んでいるうちに、今度は父親が大声をあげた。

「おい、ビール！」

（山本秀也）』

これは明らかに父親の平素の態度が、その子供に投影されたのである。それを外国の北京で展示したのだが、もっと何とかならなかったものか。外国に行って急に改めるという訳にも行かないから、平素からの生活習慣がとても大切だ。この投書の前段階には、フェリス女学院長の小塩節さんのコラムで、ドイツの母親が、子供がパンをねだるのに対し、「ビッテ（プリーズに当たる）」という言葉を言うまでは、子供の要求をきいてあげなかった話が書いてあった。つまり日本料理店でもどこのレストランでも、「水！」とか「おい、ビール！」とか叫ぶのではなく、プリーズとかビッテとかに当たる言葉を添えつけて、もっと命令的でない行動をとれ、という忠告なのである。

心の姿勢

人はどこにいても、表情という〝コトバ〟に、やさしさや笑顔が刻まれるかどうかに、又その音声の調子にも、心がにじみ出てくるものである。そして水やビールを持って来てくれたサービス員にも、一言「ありがとう」というコトバが加えられると、お客の温かい心が伝わり、それを見聞している周囲の人々にも、明るいなごやかな雰囲気が伝わってくるものだ。

さらに又こうしたコトバや行動は、時によると人々を感動させるものである。例えば平成十三年十二月二日の『読売新聞』には、神奈川県海老名《えびな》市の松本啓子さんのこんな投書がのっていた。

『闘病中の気分転換に連れられてきた公園で温水プールをぼんやりと見ていた。手術の後遺症で左足が不自由になり、抗がん剤の副作用が追い打ちをかける。体より心の傷が深く、挫折感から立ち直れない。

プールの中央を美しいクロールで、すべるように泳ぐ男性に目を引かれた。やがて男性は水から上がってプールサイドに立った。息をのんだ。左脚の太ももから下がなく、ピョンピョンと右足で跳ねていく。

病気に打ちのめされている自分が恥ずかしかった。生きよう、片足だって、私らしく強くそう思った。リハビリを兼ねて積極的に外へ出るようになった。

あの日から十年余、私は生き延び、通院は続いているが、元気に楽しく暮らしている。あの男性を見かけた瞬間が、私のがんとの闘いの正念場だった。』

この女性は、プールでクロールの美しい姿で泳ぐ男性を見た。プールから上がった彼を見ると、左脚の太ももから下が切断された身体障害者だった。それに驚いて、自分のガンとの闘いの挫折感から立ち直ったという体験である。このように人はどんな境遇に置かれていても、身体が不自由であったりしても、その人の立派な行動には、多くの人が勇気を与えられ、その正直さや率直な心の美しさを教えられたりするものである。

例えば台所の器具が故障したり、昔から使いなれた製品が壊れたりした時でも、すぐ新品と取り換えたらよいというようなものではない。平成十三年十一月二十七日の『毎日新聞』に、山口県徳山市の伊ヶ崎節子さんの次のような投書がのせられていた。

『瞬間湯沸かし器が故障した。ガス会社の職員が調べた結果、「部品が傷んでいます。修理で6000円かかるが、8年も使っているのだから買い替えた方がいいですよ。修理代をかけて他が傷んだら無駄になるから」と言う。

「新品はいくら?」。「2万円くらい」。迷った揚げ句、修理することにした。部品を一つ換えただけで直った。

メーカーの若い社員が言った。「この部品は車のタイヤのようなもので、それを取り換えた。他は金属製で傷むことはない。これから8年はもちます。今は業者がノルマのために勧めるので新品を買う人が多いけれど、廃棄物としてペシャンコにつぶされて埋められ地下水の汚染につながるだけ」と。

私はその時、修理したのが正解だったと確信した。若者の誠意ある対応に、彼の誠実な生きざまを見た思いで、さわやかな印象がいつまでも残った。』

和解と感謝

この実例では、二万円の新品を買わず、六千円の修理費だけですんだという金銭だけの話ではない。後に訪れたこの器具メーカーの若い社員の深切《しんせつ》で正直な説明から、「彼の誠実な生きざまを見た」と、感心し、その正直さや誠実さの美徳を称《たた》えているのである。〝伝道〟とは何も宗教的教義を伝えるだけではなく、このような人生態度の誠実さや正直さが、ウソやイツワリ、さらには金儲けや公費流用などの汚れた行為を排除してくれるのである。

かつて私の家でも古い大型の瞬間湯沸し器が故障したことがあった。ガス会社の職員が調べに来て、この器具はもう古くなっていて、新品と取り替えるべきだと強く主張したことがあった。しかし私の宅のこの湯沸し器は、昔隣室の入湯用に使ったもので、今は別の夜間電力を使う方式に切り換えてあった。だからこの古い湯沸し器は補助的に置いてあるだけで、ほとんど使わない——というようなことを説明したが、とにかくこのガス会社さんは「危険である」という証明の〝貼《は》り紙〟をして帰って行った。

しかしそれ以来、全くこの湯沸し器にはお世話にならず、昔なつかしい記念品のように、行きどまりローカの片隅に保存されているのである。そのうち別のガス社員さんが来て、ガス洩《も》れ警報器を取りつけて行ってくれたが、これも使われないままになっている。何しろ湯沸し器の本体を使わないのだから、ガス洩れもないわけだ。しかし私の家ではガスのおかげを受けていないかというと、わが家の暖房機はほとんど全てがガスコンロやガスストーブ、ガス暖房のもので、大変ガスのお蔭《かげ》を受け、ガス会社さんにも電力会社さんにも、心から感謝しているのだ。

時々人は、『天地一切のものと和解せよ』（『大調和の神示』*）と教えられ、さらに『天地万物と和解せよとは天地万物に感謝せよとの意味である』（同神示）と示されると、全ての人々の言うことをそのまま
きき入れるのかと錯覚するかも知れない。しかし全ての人々の言う通りにしていると、とんでもない間違った勧誘に乗ることもある。

例えば「これは新品に買いかえなさい」とか、「この会に入るとオトクです」などといって、間違った団体にさそうこともある。だから、〝感謝する〟ということを〝その人の言うことをきく〟と速断するのは間違いだ。そんな時は丁寧に断ったり黙殺して、自分の正しいと思うことをやればよいのである。そしてその相手を憎んだり、ケイベツしないことだ。これがやれるのは、やはり平素から「人間本来神の子であり、悪人や敵はいないのだ」という「実相」を観じ、感謝のコトバ、「ありがとう」とか「ごくろうさん」などを言

う練習をしておくことが必要である。

ありがとう

こうした練習は、幼いころから行うとよいが、成人してから、あるいは老人になってからしても、必ず安らかな世界へ出ることができる。例えば平成十三年十一月二十八日の『毎日新聞』には、茨城県潮来《いたこ》市に住む実川祥子さん（16）という高校生の、次のような投書がのっていた。

『今年の4月に高校生になった私は、毎日手作りのお弁当を持参しています。そのお弁当を作ってくれているのは、母です。母は私より少し早く起床し、私だけのためにお弁当を作ってくれます。

時々、前の晩の夕食時に「明日のお弁当に入れるから別の皿に少し取っておいて」と言われます。その時の私の言葉はいつも「うん。分かった」だけです。本当は、私のお弁当のことを考えてくれていることがとてもうれしいのです。しかし私は照れてしまい、「ありがとう」と言えないのです。

もし私が、「いつもありがとう」とか、「今日のお弁当おいしかったよ」と、思っていることをしっかりと伝えることができたら、母はきっと笑顔で言葉を返してくれるでしょう。そして自分の気持ちを伝えることができた後のお弁当は、より一層おいしく感じると思います。

これからは、母の笑顔を見るために、そして、お弁当がより一層おいしいと思えるために、母への感謝の気持ちを言葉にしていきたいと思います。』

「うん、分かった」とは言えても、「ありがとう」と言えないという子供もいるらしい。これは若者や生徒、子供たちによく見かけるが、学校で「ほめること」や「感謝すること」を教えないで、「分かること」ばかり教えているからかも知れない。「分かる」だけではなく、そこから「感謝」にまで、もう一段前進すると、人生は明るく展開してゆくものである。

それは人間に対してのみではなく、植物や動物に対しての態度に拡大して考えるとよく「分かる」と思う。例えば、庭に小鳥が来て赤い実をついばんでいるとしよう。その鳥は「おなかがすいたから来たのだ」と〝分かる〟のは誰にでも出来る。しかし「だからありがたい」と感謝するのは、その可愛《かわい》らしい行動や、鳥の美しい色やかわいい鳴き声が、庭の景色にもいのちを吹きこんでくれて、たのしいし、ありがたいという気持になるからである。

気の合わぬ人

こうした心の感応はとても大きくて、動植物のみならず無生物にも及ぶが、人と人との感応くらい大きな反応はないと言える。これは「心の法則」の中に組み込まれてもいるが、平成十三年十一月十一日の、松陰練成道場*での〝特別練成会〟で、野々村恵子《けいこ》さん(昭和三十一年一月生まれ)が、次のような体験を話されたことがあった。

恵子さんは山口市下小鯖《しもおさば》という所に住んでおられるが、ある職場で働いていた。ところが平成十二年七月に、そこに気の合わない人が一人いて、その人から逃げるようにして仕事をやめたのだ。すると新しい職場(書籍関係)には以前の人よりもっとパワー・アップした人が待っていて、彼女を鍛えてくれたという。

恵子さんは一所懸命《いっしょけんめい》に努力して、仕事を憶《おぼ》えようとしたが、その人は彼女のすることなすことが全て気に入らないらしく、全てを悪く受け取り、仕事もよく教えてくれない。で途方にくれていた。それでもその人とは一日おきに顔を合わせるので、又気を取り直して職場に通っていた。

恵子さんは今まで特にいじめにあったこともなかったので、「どうしてこの歳になって、こんなめに合わなければならないのかしら」と悩み苦しみ、どうしたら仲よくなれるのだろうか……と考えた。幸い彼女は昭和五十年ごろから「生長の家」に入信していたので、「今まであなたの出したものが返ってくるのですよ」と教えられると、「私は今まで知らず知らず悪いことを沢山《たくさん》したのかしら」とも考えた。

こうして一年たったころ、どん底の状態になり、その人から、

「あんたとは一緒に仕事をしたくない」

とハッキリ言われたのである。そんな日が続くと、胃がキリキリ痛んで、体調が悪くなった。そこで、もうこの仕事をやめようと決心した。

ところがそんなある日、生長の家の本部から来られた講師の講演会を聞き、感動したのだ。そして「如意宝珠観《にょいほうじゅかん》」という神想観を百日続けると必ず幸せになると言われ、恵子さんは早速それを実行し始めた。そしてある人に相談すると、

「ご主人に相談して、やめてもいいとおっしゃるなら止《や》めてもいいんじゃないの」

と言われた。恵子さんのご主人は譲さんといって公務員である。そこで夫に相談すると、

「そんな変わった面白い人がいる職場なら、楽しいよ。止《や》めるのはもったいないよ。それ

にお前は（やめるのが）二回目じゃないか」

と言われた。そこで彼女は「あ、もうやめられなくなった、どうしよう」と考えた。すると職場の午後の勤務の人がやめることになり、欠員が一名できたので、その人の代りに午後の勤務に変えてもらった。「これでよかったな」と思ってルンルン気分になった。ところがある日曜日に、その問題の人と二人切りで仕事をする日が来たのである。

鏡のように

するとその日その人はいつもよりもっと機嫌が悪い。すごくこわい感じで、彼女はビクビクして仕事をしていた。やがて遂《つい》にその人の怒りがバクハツした。

「あんたは、新人のくせに、生《なま》いきだ、底意地が悪い。あんたみたいな意地悪な人は見たことがない！」

などと悪口をあびせられた。恵子さんは大変なショックで言葉も出なかった。しかしこの人の言葉を聞いているうちに、ハッと気がついた。それは、自分が彼女に対して思っていたことと、彼女の私への思いとが〝全く同じだ〟ということだ。するとこれは私の気持が、彼女にそのまま映っていたのではないか……と気付いた。よく考えてみると、彼女のその人に対する態度は、他の人に対する態度と、全く正反対だったのである。

「そうだ、この人は私の心の〝鏡〟だったのだ」

と気付き、ああ、悪かったと思ったので、その場ですぐに謝ったのである。

「本当にすみませんでした。本当に悪いことをしてきました。本当にゆるして下さい」

と心の底からあやまった。するとその人は、

「いや、私の方こそ、毎日家に帰ってから、いつもあんなことを言うんじゃなかった。あんな意地悪なことをするんじゃなかったと、いつも反省していたんよ。そして自己嫌悪《けんお》に陥《おちい》っていたんよ。私の方こそごめんね」

と言ってくれたのである。それから三日間休みをとって四日目に出勤すると、その人がこう言うのだ。

「あなたは午後に仕事を変えてもらったそうだけど、午後の仕事は大変よ。午後には私よりもっと意地悪な人がいるのよ、知ってるの？　私には裏がないけど、その人には裏があるのよ。もう悪いことは言わないから、午前にもどしてもらった方がいいよ」

そこで恵子さんは、

「あなたが赦して下さるのなら、午前にもどして頂きます」

と言って午前にもどしてもらい、以後幸せに仕事を続け、百日間の神想観実修も無事終ったという話であった。

まさに心にも「合わせ鏡がある」ということであり、心は感応するという実例である。さらに、又ご主人のおっしゃった「面白い人がいるよ」というのも、本当だナと言えるであろう。

*『大調和の神示』＝谷口雅春大聖師が昭和六年九月二十七日に霊感を得て書かれた言葉で、この神示の全文は『甘露の法雨』『生命の實相』（第1巻）『新編　聖光録』『御守護　神示集』（いずれも日本教文社刊）等に収録されている。この他に、神示は全部で三十三あり、全神示の全文は、『新編　聖光録』『御守護　神示集』に収録されている。

*松陰練成道場＝山口県吉敷郡阿知須町大平山一一三四にある生長の家の練成道場。毎月各種の練成会が開催されている。

すべてが教材である

この世での常道

「生長の家」では「人間は仏であり、神の子である」と説いている。仏様が誰か一人か二人の者と限定されたり、神の子はイエス様だけと限られてはいないのだ。釈尊も、

「山川草木国土悉皆成仏《さんせんそうもくこくどしつかいじょうぶつ》」

と説かれ、イエスキリストも、

『汝《なんじ》らの仇《あだ》を愛し、汝らを責むる者のために祈れ。これ天にいます汝らの父の子とならん為《ため》なり。』（マタイ伝五ノ四四―四五）

と教えられた。「父の子」とは「神の子」のことであり、「ならん為なり」とか「成仏」というのは、仏でないものが、いつか仏になるとか、神とは別者が（例えば罪の子が）

やっと「神の子」になるといったようなお言葉ではなく、すでに「神の子」であり「仏」であり、その実相が現成《げんじょう》するのだ（この世にその本性が現れてくる）ということである。
それは丁度人々が顔を洗い、手を洗い、身体を洗うようなものだ。もともとキタナイ顔や手なら、いくら洗ってもきれいにはならないが、本来顔も手も、「きれいである」から、洗えばそのきれいさが現れてくる。又もともときれいな手や顔や身体だから、「きれいにしたい」と思って洗うのである。その点を道元禅師も『正法眼蔵』の大作の中（〝洗浄の巻〟など）で、具体的にくわしく説いておられるのである。（『正法眼蔵を読む』*下巻を参照されたし）
つまり一切の人や物は本来清浄無垢《むく》である。だからすべてが大調和していて、死も乱も争いも病もないのが本当の世界（神の国）であるということだ。その実在界（実相）を現し出すには、ただ洗浄の練習あるのみ。その練習のために吾々《われわれ》は仮にこの世に生れ出て、肉眼や肉の耳で見たり聞いたりしつつ、芝居の表現をたのしんでいるのである。これを「人生学校」の〝学習〟とか〝勉強〟とかということもできる。
しかもすべての練習には、やさしい事から始めるのが普通であって、難しい事からやり始めるのは難しい。従って人と人とが仲よくするのでも、身近《みぢか》な人とはじめるのがよい。

それ故子供たちは、生れてからしばらくは、父や母になつき、何でも父母の言うことをよく聞き、父母と仲よしになることからこの世を始めるのである。この「常道」を守って行きさえすれば間違いないのだが、とかく途中で横道に外れてしまう人々が多いので苦しみや悩みが訪れるのだ。

ポリープがあった

こうして大人になるにつれて、人々は父母に似た義理の父母とか、舅《しゅうと》さんや姑さん、さらに夫婦同士、あるいはその他の親戚すじと仲よしの練習を行い、やがて神の愛や仏の慈悲のような広々とした愛と智慧の大海へと船出する。この訓練のために、夫婦などは本来似た者夫婦ではあるが、一見して正反対の夫婦のようでもある。そこでとかく人々は、

「自分のこの結婚は間違っていたのかしら」

などと思い悩むことがある。しかしそのような心配は無用であり、そんなことで一々別れ話を持ち出していると、大抵の夫婦は離婚しなければならなくなってしまうだろう。たとえ結婚の条件が整っていなかったとか、ムリヤリ結婚させられたとか言っても、〝正式の夫婦〟となり、正式の結婚届を出した以上は、「魂の半分同士」であることに間違いはな

い。ただ和解や感謝のレッスンが難しく、中途半端だというだけのことである。

例えば平成十一年十月二十六日に総本山の団体参拝練成会で、佐賀県西松浦郡有田町西部甲《こう》に住んでおられる若竹《わかたけ》キヨさん（大正十年三月生まれ）が、次のような体験を話して下さったことがある。平成十年十二月の暮れ、有田町による大腸癌の検診を受けたところ、ポリープが見つかったのだ。彼女は昭和二十五年の四月から生長の家に入信しておられたので、

「神の子の私に、そんなはずはない！」

と思ったが、肉体は人間の本体ではなく、完全円満な「実在人間」の〝影〟のようなものである。それ故影には不完全なところが色々と出てくるものだ。人の影でも、その人の前にスダレでもカーテンでも掛かっていると、ボンヤリと見えて、完全な顔形も分らなくなるだろう。月でも太陽でも、湖に映った影は、波立ったりゆがんだりして、本物の月のように美しくはなくなる。月そのものも、やがて夜明けには地球の影にかくれて見えなくなるが、月が消えたのでも死んだのでもない。又次の日には昇って来るが、雲にかくれてよく見えないこともあるようなものである。

ところが多くの人々は、肉体を人間そのものと思い違いをしているところに、多くの悩

み苦しみが出て来るので、

「それは間違いだよ」

ということを教えてくれるのがこの「人生学校」だ。それ故、いくら健康に注意して長持ちさせても、いつかはその肉体を捨てて、あの世に旅立つということになる。けれども人間の「本体」がなくなってしまったのではなく、さらに別の世界に別の肉体（又はそれに似たような体）を持って現れてくるものである。

このことがハッキリ分らないと、「神の子・人間」とか「人間の仏性」ということが分らないかも知れない。そして「神の子・人間だから病気をしない」などと言い張るが、病気をしようがすまいが、そんなことと無関係に、人はみな「神の子」であり「仏さま」であることに間違いないのである。

たしかにあったが……

しかも肉体や環境にはその人の実生活の時の心が象徴的に出てくるものである。それは物質界が影の世界であり、そこには「心と似た姿が出てくる」ようになっているからだ。例えば人に愛の心を示す時でも、相手にふさわしい贈物をすることがある。まさか老人にプレゼントするのに、子供服とか難しいコンピューターの機械ということはないだろう。子供にはそれにふさわしい品物を贈る。中年のオバサンには、それなりの品を贈るのであって、二十センチの高さの〝厚底の靴〟などを贈ることはないようなものだ。つまり心はそれなりの物に現わされるから、心の悩みも往々にして肉体の悩み、つまり病気になったりして、象徴的に表現されるのである。

このポリープ（polyp）というのは、皮膚や粘膜に茸《きのこ》のように盛り上がって出て来たイボで、沢山あるときはポリポージス（polyposis）と称する。これが大腸などに出来ると、とかく癌に発展することがあるので、要注意などと言われるが、ポリープだけのときは癌よりはずっと治りやすい。ただし心の持ち方が大切で、家庭の中で我《が》を張ったり、夫婦で争ったり、自分ひとりの利己心で〝自己主張〟を繰り返しているときは、その心の象徴として〝悪性のもの〟となりやすいのである。

ところでキヨさんはそれまで「夫婦調和」や「感謝」が大切だということをよく聞いていたから、色々と反省をした。そしてまず西有田共立病院に行って、

「先生、それは何かのマチガイじゃなかとですか？」

ときいてみたが、「絶対に間違いない」と言われ、明けて一月十日にそのポリープを手術

するという日取りを決めて帰宅した。すると一月八日の夕方になって、ご主人の芳郎《よしお》さんが、廊下で滑って腰を強打した。転んだ時には、息もつかれぬくらい痛かったという。そのため寝返りにも困り、床から起きるのも寝るのも困難となってしまった。そこで今度はご主人が入院し、キヨさんは夫の湿布の取り替えやらその他の看病で、毎日忙しく暮らしたのである。

彼女自身も病院に行かなきゃいけないと思うのだが、そうする閑《ひま》もなく、気も回らなかった。こうして一所懸命で看病していたので、彼女の病院行きは二ヵ月ほどのびてしまった。そうしているうちに、三月七日には佐賀の新教化部がきれいに出来上がり、落慶式が行われた。そこでキヨさんも参加したのである。

さらに又三月十日には、七十七歳の喜寿の祝いもすませた。するとその新教化部で第一回の練成会が行われたので、それにも参加した。その時教化部長*先生の指導される「祈り合いの神想観*」があった。そこでキヨさんはご主人の腰の治癒を祈ってもらおうと思って坐《すわ》った。

するとご主人の腰の痛みも次第に消え、後遺症も残らなかったのである。そこで三月の二十日に、キヨさんは大腸のポリープの再検査をするために、久しぶりで共立病院に出かけた。検査のベッドに寝てじっとしていると、お尻《しり》からスルスルと機械のようなものを入れられ、右の腸のあたりを二回、三回と機械を上げ下げしてさがし回ってくれた。

「早《はよ》うすめばよかったい……」

と思っているうちに、時間がきて「もう済んだ」という。アア、よかったと思っていると、検査して下さった山口医師が、

「前回の検査の時は、たしかにポリープがあったけれども、二回、三回カメラを回したけれども映りません。なくなっとりました」

と言われた。さらに、

「あなたも年がいっているから、腸がシワになっとって、そのシワをかき分けかき分けして機械を回したから、時間が長《なご》うかかったのです」

と言われた。それを聞いてキヨさんは飛び上がるほど喜び、心から神様に感謝して帰宅したが、その後はもうどうもなくなったという話であった。

深切をすると……

かつて若竹さんは平成六年に、総本山の生存永代供養*にご夫婦で加入した。ご主人の芳

郎さんは平成十一年に八十三歳になられたが、三十年間有田焼を作り続けて来られた堅物《かたぶつ》のご主人だ。しかし永代供養に入られてからは、次第に優しくなられ、キヨさんに喜んでもらいたいという気持になったらしく、畑の草むしりを始めた。

キヨさんはそれを見て、「アラー、きれいになったね」と喜んだ。が何だか物足らない所がある……おかしいね、と思って、

「お父ちゃん、都わすれとか、おみなえしとか、何か花が植えてあったろうが……」

ときいた。すると草ばっかりだと思って、皆引きぬいたと言われるのだ。キヨさんはガッカリした。けれども心が柔らかくなったご主人に感謝していた。ところが平成八年のある朝、ひざや腰が痛くなって、歩こうとしても歩けなくなった。でもピッコピッコしながら歩いていた。道で友達にあうと、その途端にシャンとなる。が通りすぎると、又ピッコピッコする。そのうち病院にも二、三ヵ所行ったり、熱心に神想観にも通った。家でも真剣に神想観をした。

するとある朝のこと、急に脚がいたくて立てなくなった。アリャー、こりゃ何でじゃろか、と思ったが、すぐそこへ坐って神想観をした。何分たったか分らないが、フト気がつくと、今まであんなに痛かった脚がどうもなくなっていて、それっきり脚も腰も痛くなく

なったのである。

このように全て現象界の出来事には、成功の面もあり失敗もある。元気な時も病気で苦しむこともあるかもしれないが、これらはみな影の世界の姿であるから、それに引っかかって、悪い所や欠点ばかりを見つめていると、決して快方には向かわない。けれどもキヨさんが自分の病気を忘れてご主人の看病に専念したように、親しい人や家族の方々のために一心不乱になってよいことをしておられると、いつの間にか自分自身にも自然治癒力という回復力が出て来て、自分の悪い所がいやされたり、さらに堅物の人が優しい人になったりと、色々よい事が出て来るようになるものである。

勿論《もちろん》家族の方々にも、中々《なかなか》信仰を受けつけてくれない人がいることもある。しかしそれでもその人に深切《しんせつ》をつくし、愛念をこめて、良くなるような祈りを深めて行っていると、自分にもよいことが次々に起ってくるものだ。それはこの世が「原因結果の法則」によって作られて行き、良い行いの原因からはよい結果が出てくるようになっているからなのである。

心が現れる

さらに又同じ年の十月二十六日の団体参拝練成会で、中津留和明《なかつるかずあき》さん（昭和三十七年八月生まれ）は若竹さんの次に立って、こんな体験を話して下さった。彼は当時岩手県九戸《くのへ》郡大野村大野で盛大に養豚業をやっておられたが、もとは福岡県の出で、十八歳の時畜産の勉強をするために北海道に渡り、その後アメリカにも行った人だ。もともと非農家だったので、農地などは何もなかった。そこで結婚と同時に、奥さんとなった弘美さんの実家の養豚業を手伝うことにした。すると義父（舅さん）との意見のくいちがいが生じ、その溝がだんだんと深まってしまった。こうして平成二年には長男さんが熱湯に落ち、身体全体の三割以上の下半身の大やけどをしたのだった。

これも和明さんと舅の千葉勝さんとの心の摩擦が現象面に現れて来たのであるが、しかしこんな最悪の事態でも、全てが悪いことばかりではなかった。というのはこの不幸な事件より以前に、奥さんの弘美さんが母から生長の家の信仰を伝えられていたからである。そこで早速長男の完全な姿を心をこめて祈り続けた結果、皮膚移植を受けるまでもなく、完全に癒された。今はもうどこにも傷あとがないということだ。

しかしその後も和明さんと義父との溝は深まるばかりだった。舅さんは和明さんが働きに来るというので、多額の借金をして豚舎を建てた。けれども和明さんは、やがて独立したいと思っていたので、そうした見解の相違から、もめごとが続いていた。千葉勝さんには長男がいた。だからその下でずっと働いてくれと言う。しかし和明さんは、いつまでも長男の下で働くのはいやだと思った。自分がギセイになってまで借金を返さなくてはならぬことはないと思うからだ。しかし父は、

「やめるなら、借金を返してからにしろ」

という。そんなのもいやだ、といって対立したのである。こうして和解することなく、和明さんは借金をして岩手県に別の農場をこしらえた。するとその三年後の平成六年に、和明さんは仕事の途中で、左肩の脱臼骨折を起した。これも明らかに義父の家（左肩）から脱出して不和のままで仕事をはじめた心の〝象徴的現象〟だったと言えるだろう。しかも彼の左腕は、神経が全く マヒするという結果になったのである。

病院でも色々と検査をしてくれたが、医師からは、

「神経は神の経（みち）と書くように、中々治りが難しい。もしかして切れていれば、恢《かい》復《ふく》する見込みはないのです」

と言われた。その時弘美さんは、

「おとうさん、必ず大丈夫治るから！」

とはげましてくれ、いつも祈ったり腕をさすって下さったということだ。その信仰と愛のおかげで、一年後にはすっかり回復し、何の後遺症も残らず全治したのであった。

観世音菩薩

この骨折の経験に教えられ、和明さんも生長の家の教えを信ずるようになり、普及誌*や『生命《せいめい》の實相《じっそう》*』を読むようになった。その上、読むだけではなく、正々堂々と生長の家を表に出して、伝道活動をしなさいと忠告され、次の年に和明さんが家を新築したのをキッカケに、弘美さんは母親教室*を開き、当時は白鳩会の大野支部長となり相白合同*の誌友会も行うようになっておられたのである。

これは大変すばらしいことだ。一旦は不幸や災難がおそいかかったかと思われたが、そこから反省して信仰を深め、さらに菩薩行という伝道にまで進むようになったということは、人生の大道を歩み始めた証拠であり、さらに将来も善因が善果をもたらすことになるはずだからである。

こうして和明さんは、色々なすばらしい人々にめぐり合い、仕事の方でも、以前から出来た借金が八千万円もあったが、それが今はほとんど返済できた。ところが、まだ父との和解が完了していなかった。そこで平成十年の五月に、千葉さんの方の借金がいくらか減ったかと思って調べてみると、まだ八千万の借金が残っていることが分り、倒産寸前だった。

そこで義父母から相談をうけたのを機会に、熱心に神想観をしていると、自分達の結婚の時の義父の思いがしみじみと感ぜられ、「これは私自身が返すべき借金だった」と思うようになったのである。これも法律的にというわけではないだろう。最初の話し合いの内容にもよるが、法律がからんでいてもいなくても、それを超えた宗教的な大きな愛の現れとなると、そうした愛も金銭的な形をとることがありうるものだ。

そこで和明さんは、義父の養豚業の経営に積極的に参画しようと考えた。するとその愛《あい》行《ぎょう》実践の結果、さらによい協力者が出てきて、「あなたがやるのなら、餌《えさ》の価格を下げましょう」と言ってくれたり、銀行でも金利を下げて、もう一年待とうと言ってくれたりし出した。そのようなことから、平成十一年の十月の決算では黒字になったのである。

当時和明さんは月に三回義父の農場に手伝いに行っていたが、義父さんは彼と一緒に仕事をしていることをとても喜んで下さるのである。その姿を見ると、和明さんもまた嬉《うれ》しくなる。

「ああ、やはり父の喜びは、私の喜びでもあったのだ。父と私は一つなんだ」

とつくづく感謝した。するとその瞬間に、過去のいやな記憶や、岩手県に来た八年間の苦しかった思いが吹き飛んでしまった。そして父とは以前からずっと一緒に仕事をしていたような気持になり、やがては勝さんも、和明さんが来るのを一番楽しみにしておられるようになり、それをみて弘美さんも喜ぶし、奥さんが喜ぶとご主人もうれしいというような悦《よろこ》びの重なる人生が始まり、夫婦円満大調和となったのであった。

すると平成十一年の九月には、ちょっとしたミスから公害問題が発生したが、それを教化部長に相談した。すると、

「迷惑を与えた人達を祝福してさし上げなさい」

と教えられたので、相手方の幸せと繁栄を祝福する祈りを行っていたところ、補償金が決ったころになって、中津留さんの肉の販路がさらに青森にまで拡がり、一層有利に高く買ってくれるスーパーさんが現れ、その補償金の四、五倍の利益が上がるようになったのであった。さらに現在では、宮城県亘理郡亘理町で義父の農場を引き継いでおられるということである。

これも「与えよ、さらば与えられん」の法則通りの結果であり、一見不幸な事件や、失敗のように見える場合も、決して相手を憎んだり、恨んだりすることなく、全ての人々がみな神の子であり、仏子であるという教えの根本を信じ、それを「神想観」の中で日々心に描き、愛行を実践して、神の子の智慧を正しく発揮して行くならば、この世の中におい て行き詰ることは何一つなくなるのである。

こうして身近な人に関して起る出来事に処して行くならば、日常の全ての出来事が、吾々《われわれ》の魂の貴重な教材となり、しかも救いのみ手であり「観世音菩薩だらけ」の世の中だということが分るのである。

即ち、『真理の吟唱』*の中の「観世音菩薩を称うる祈り」の中に記されている通りなのである。

『この世界は観世音菩薩の妙智力《みょうちりき》を示現《じげん》せる世界であるのである。観世音菩薩とは単なる一人の菩薩の固有名詞ではないのである。それは宇宙に満つる大慈悲であり妙智力であり〝心の法則〟であるのである。観世音とは世の中の一切衆生の心の音《ひびき》を観じ給《たま》いて、それを得度《とくど》せんがために、衆生の心相応《こころそうおう》の姿を顕じたまう「観自在の原理」であり、「大慈悲」である。三十三身に身を変じてわれわれを救いたまうとはこの事である。〝心の法則〟

として、衆生の心に従って、その姿をあらわしたまう事その事が大慈悲なのである。観世音菩薩は、あらゆる姿とあらわれて私たちに救いの説法を宣示《せんじ》したまうのである。山々のたたずまい、雲の行きかい、風の韻《ひび》き、水の流れ——ことごとく観世音菩薩の慈悲の説法である。心に耳ある者は聴け、心に眼ある者は見よ。(後略)』

*『正法眼蔵を読む』=谷口清超著。生長の家総裁法燈継承記念出版。道元禅師の著作『正法眼蔵』を平明な現代語に訳し、解説を加えた書。上、中、下巻、新草の巻・拾遺の四巻がある。(日本教文社刊)

*教化部長=生長の家の各教区の布教・伝道等の責任者。

*祈り合いの神想観=病気や様々な悩みを抱えた人のことをお互いに祈り合う宗教行事。

*生存永代供養=生存している人に対して、真理の言葉を誦し続け、円満完全なるその人本来の姿が顕現するように祈願する供養。生長の家宇治別格本山で受付け、生存中は総本山で祈願され、他界後は宇治別格本山に移して永代供養を受ける。

*普及誌=生長の家の月刊誌。女性向けの「白鳩」、中・高年男性向けの「光の泉」、青年向けの「理想世界」、中・高生向けの「理想世界ジュニア版」の四誌がある。

*『生命の實相』=谷口雅春著。頭注版・全四十巻、愛蔵版・全二十巻。昭和七年発刊以来、累計千九百万部を超え、無数の人々に生きる喜びと希望とを与え続けている。(日本教文社刊)

＊母親教室＝生長の家の女性のための組織である生長の家白鳩会が、全国各地で開いている母親のための真理の勉強会。
＊相白合同＝相愛会と白鳩会が協力して各種行事を行うこと。
＊『真理の吟唱』＝谷口雅春著。霊感によって受けた真理の啓示を、朗読しやすいリズムをもった文体で書かれた〝真理を唱える文章〟集。（日本教文社刊）

心は時空を超える

死なないいのち

言うまでもなく、人々は時間の流れの中で生きている。生れた時から時が流れて三百六十五日すぎると、満一歳となる。こうして肉体が死ぬまで、時と共に年を取るが、果して肉体が死んだらどうなるのか。これをもって人生の終りか、時の流れが止まるのかというと、そうでもない。一年たつと〝命日〟となり、子孫や親戚が集って、何らかの祭式を行ってくれる。そこで死んだ人の霊が祀られ、幸せなあの世での存在と現世への御加護を祈るのである。

これが普通の人々の習慣であり、魂や霊の存在を認めてくれている。しかしその〝認識の対象〟が、実は「何もない」「ヌケガラ」であったとすると、こんなおかしな道化芝居は、そう永々と続くものではないだろう。ところがこのような行事が永い間多くの人々から支持されて来、今後も続くであろうことを考えると、やはり時の流れは霊界にまで及んでいて、人のいのちはまだ生きている――と信じられるのである。つまり人のいのちは、肉体が死んでも生き続けるという考え方が圧倒的に強いのだ。

けれども単に多くの人々がそう信じているから、それが正しいという訳ではない。死なないいのちでなければ、この世に生れ生きてきたことが、無意味になるから、魂の死を否定するのである。何のために色々と経験し、苦しんだり楽しんだり、学んだりしたのか分らなくなる。ヌケガラになり、灰になってしまうだけの人生なら、「生きるだけ無駄」と思うだろう。人生に意義があるためには、「死なないいのち」でなくてはならないし、しかもそのいのちは「完全ないのち」でなくてはならないのである。

何故なら、不完全なものは長持ちしないからだ。テレビでも自動車でも家でも、不完全なものほど長持ちはしない。いのちが永遠であるためには、そのいのちは完全でなくてはならない。そして完全ないのちは、時間の枠を越えて生きる。そして『甘露の法雨』にある如く、時間も空間も、人々の「認識の形式」にすぎないのである。完全ないのちは、一定の空間に生きているようなものではない。又ある時間の長さに限定されてもいない。そうした〝限定〟は、全てを不完全なものにしてしまうからだ。又、時間の長さも、一定の秒単位などに限定されてはいない。だから霊界に移行した人々の体験する時間と空間とは、今生《こんじょう》（現世）の時間・空間と異なった「認識の形式」をとりうるのである。

認識の形式

一体「認識の形式」とは何であろうか。それは「認め方《かた》」である。人のいのちが対象の一部を見たり聞いたり測ったりして、捉《とら》えるのだ。丁度放送されてくる電波をラジオの機械がとらえて、音楽として聞かせてくれるように。つまり「肉体の構造」によって、その構造に捉えうる範囲だけが認識される。そして人間の目でとらえられる電磁波だけが「見える」ということになるのである。

他の動物も、それぞれの肉体が捉えうる範囲の音を聞き、その目で見、味わったり、嗅いだりして、それぞれの〝生活圏〟を作り上げている。そこである人が死亡して移行して行った霊界などは、地上の人間からは見えないし、その声も聞けないということになる。それればかりではなく、地上の人間のもっている智慧や愛やいのちも、直接見たり聞いたり、測定したりすることはできない。そこで、「あの人は愛がない、冷たい、いやな人だ」

と言っても、それが間違いであり、本当は愛ふかい心で、智慧あるいのち即ち「神の子」であり「仏」であるというのが、真実なのである。

平成十二年六月十七日には、谷口雅春大聖師の十五年祭が総本山で行われた。その日の午後の団体参拝練成会の時間に、次のような体験を話された方があった。その一人は東京都大田区南久が原《くはら》に住んでおられる大島文子さん（昭和六年一月生まれ）で、昭和四十六年に入信された。

当時長男の健太君は中学三年生だった。ところが彼は早産の異常分娩の未熟児だった。普通は大人しくて素直なよい子だったが、成長するにつれて何となくアンバランスになった。そして中学二、三年になると、病的になってきたのである。学校からも検査を受けるようにと注意され、医学的な検査を受けた。

仮の姿

すると生れつきの痴呆《ちほう》性分裂症と診断されたのであった。それまで文子さんは、姑のヤスさんとの間の心の葛藤《かっとう》で大変だった。姑さんは、「あなたの育て方が悪いんじゃないか」と批難されたが、文子さんはまじめに一所懸命育てているんだから、間違ってなんかいないと主張し、姑さんと対立して暮らしていたのである。

そのような葛藤が続いたため、遂に離婚しようとか、自殺するか、それとも心中するかとまで考え悩んだ。そんな時、近所の野口さんという方から一冊の本を借りて読んだ。その本は故鹿沼景揚本部講師[*]の『子供の性と勉強[*]』という小冊子だった。その中に、「人間神の子で、完全円満である」と書いてあった。しかし現実には医師から先天性の分裂症だと言われた子供だ。この子が「完全円満」というが、それは本当のいのちを指して言っているのであって、肉体の現象のいのちのことではない。では何故この子がこんな病気になったのだろう、と考えつつ読んで行くと、「現象は心が作る仮の姿」ということが書いてあった。

悪魔の子

もしそれが本当なら、この子を生んで育てた自分が作ったのだろうか——と思い、子供に対してものすごく「申し訳がない」と感じた。それまで彼女は、姑の責任か、夫の責任かなどと思っていたが、そんな思いは出て来なかった。そして大いに懺悔したというから、文子さんは感受性のつよい人であったということができるだろう。

そこで彼女は近くに開かれていた誌友会に出席し、先祖供養なども一年くらい実行した。そして河口湖に生長の家の練成道場*があることを知り、健太君をつれて道場に行き、練成会に参加した。するとその時当時の楠本総務からこう言われた。

「あなたが息子さんを妊娠していた時の、ご主人に対して、懺悔しなさい」と。

その頃文子さんのご主人は電電公社に勤めておられたが、職場で何か嫌なことがあったらしく、一年ほど休職（一年後に復職）された。そんな夫に対して彼女は不平不満だった。夫のふらふらしている状態を咎《とが》め立てていた。夫への思いやりの気持など少しもなかった。このような心境になっていると、子供の成長にも不都合が生ずる。ことに妊娠期間中の父母の心は、胎児に強い影響を与えるものだからである。

そこで文子さんは帰宅するとすぐ、ご主人に、心からお詫《わ》びをした。すると夫は、

「お前が悪かったんじゃない。自分が悪かったんだ」

と答えて下さった。すると以来健太君はとても河口湖の練成道場が好きになった。突然家出しては、河口湖に行くのだ。お金がある時は電車で行くが、お金を持たない時も、散歩のついでにサッサと行ってしまう。そんな状態がずっと続き、繰り返され、五、六年間も続いたのである。

しかしそのお蔭で、文子さんは毎月のように河口湖の道場に行くようになった。そして一所懸命で浄心行をし、感謝行を行ったのである。世間では〝牛にひかれて善光寺参り〟というが、彼女は息子に導かれての道場通いだった。さらに自宅でも輪読会を開き、早朝神想観を行うようになった。こうして息子さんの実相が「完全円満」であることを、心の眼で観《み》る練習を重ねたのである。

するとある日のこと、姑さんが何かの拍子に健太さんに向かってこう言った。

「生長の家では、人間を神の子だと言うようだけれども、あなたは神の子どころか、〝悪魔の子〟だ」

早速そのことを彼は文子さんに伝えた。

「今、おばあちゃんから僕、〝悪魔の子〟だと言われたんだ……」

と悲しそうな顔で言う。それを聞くと文子さんはカーッとのぼせ上がった。

「何というひどい事を！　孫のことを〝悪魔の子〟だなんて！　家にこんなおばあちゃんがいるから、私がいくら一所懸命生長の家をやっても、あなたが良くならないんだ！」

と、思わず健太君の前で叫んでしまった。さらに、こうも言った。

「もうこれ以上生長の家をやっても、お母さん、無駄だと思うから、生長の家をやめる！」

けれどもその時文子さんは、すでに地方講師＊の資格をもっていた。それでも生長の家がどこかへ吹っ飛んで行ったほど、心が乱れたのだ。そして姑の所にとんで行って、

「もし孫が〃悪魔の子〃だったら、おばあちゃんは〃大悪魔〃ということになりませんか！」

と怒鳴《どな》りつけたい思いにかられた。でもその時、彼女の脳裏に「父母に感謝しなければ、神の心に叶《かな》わぬ」という「大調和の神示」のお言葉が思い浮かんだ。それは彼女にとってとても〃つらい言葉〃だったが、その言葉のおかげで、おばあちゃんに怒鳴りこむことができなかったのである。

怨み骨髄に徹す

文子さんはその夜一晩休んだが、翌日また健太君が彼女の所に来て、こう言うのだ。

「お母さんが生長の家をやめたら、もう僕、道場に行かれなくなるね」

とても淋《さび》しそうに言う。その時文子さんはハッと気付いた。私は何か、大きな間違いをしているのではないか。そう思った瞬間、「父母の声は神の声」というコトバが浮かんで来

た。では何故、神様が〝悪魔の子〟などとおっしゃるのだろうか……それは本当の神の声ではなく、私の心だったのだ。息子に「よくなってほしい、良くなってほしい」といつも思っていた私を、神様は「現象を掴《つか》むな」と教えて下さるために、そんな言葉がおばあちゃんの口から出てきたのだ——と気付いたのである。

その瞬間、孫を〝悪魔の子〟とまで言って、私を導いて下さったおかあさん、ありがとうございます——と、心の底から姑さんに感謝することができた。それまでの文子さんは姑に対する怨《うら》み骨髄に徹する気持が強く、どれだけ浄心行をしても、感謝などできない心境だった。けれどもその瞬間に、心から感謝することができた。そしてすごくスガスガしい気持で両親のお部屋に行って、「お早うございます」と挨拶した。

すると文子さんがまだそれ以外に何も言わないうちに、姑さんがこう言われた。

「あたしも道場へ行って、生長の家を勉強したくなったから、河口湖の道場へ行ってこようと思う」

こうして姑さんは道場に行き、十日間の練成を受けて帰宅された。するとその時ニコニコして、文子さんの前に両手をつき、

「ありがとうございました。生長の家はすばらしい教えでした。私は生長の家を誤解して

いました。孫は神の子でした……」

とおっしゃったのである。このようにして、文子さんの心の変化は、即座に姑さんの心に感応し、今までの一触即発の状態が、和解と感謝の生活に変わり、嫁姑は大調和することができたのである。

やがて文子さんは白鳩会の支部長となり、自宅で「白鳩会」も始まるようになり、姑さんも誌友会に出席して下さるようになったのである。息子の健太さんも急速に落着きを取りもどし、現在は四十四歳になっておられるが、足利《あしかが》のぶどう園で、明るくたのしく元気に働くようになられた。一方姑のヤスさんは、八十三歳の時初めて道場に行かれ、九十歳で安楽な往生をされたということであった。

あきらめてくれ

このように現象界において見え、聞え、体験する様々な矛盾撞着《どうちゃく》、不和軋轢《あつれき》も、本当は仮の相《すがた》であって、実在ではないのである。実在するのは「神の国」と「神の子」のみであり、その〝真実〟を心の底から観ることができたとき、全ての問題は解決するということができると分るであろう。

さらに又、この時の総本山で、山川八重子さん（昭和二十四年七月生まれ）は、こんな体験を話して下さった。彼女は茨城県のひたちなか市市毛《いちげ》という所に住んでおられるが、実家（小沼《おぬま》）のお母さんは若い頃から生長の家を熱心に信仰しておられたという。ところがその母は六年間結核で入院され、八重子さんが十二歳の時亡くなられた。

その後母の遺品を整理していると、ベッドの下の茶箱の中に、病院から出された薬が、手つかずのままギッシリ詰まっていた。それを見つけた父は大変驚き、もし母が生長の家を信じていなければ、薬を飲んでいただろうと、毎日繰り返し残念がっておられた。しかし生長の家では入院するなとか、薬を飲むなと教える訳ではなく、「天地一切のものに感謝せよ」と説くのだが、それを誤解されたのかも知れないのである。

しかしこのため、小沼家では生長の家がご法度《はっと》ということになってしまい、父は四十五歳で亡くなった妻への寂しさを、酒でまぎらわす毎日となった。そのような酒びたりの父と暮らしているうちに、八重子さんは次第に父を憎むようになり、他人に対して心を開くことができなくなってしまい、やがて劣等感の塊のような人間になったのである。

こんな状態でも八重子さんは結婚し、やがて出産した。しかし夫（和明さん）との間はうまく行かず、以前から続けていた仕事を中心とした生活を送っていた。さらに彼女は自分の仕事の都合で、ご主人に会社を休ませるといったこともあるような、わがままな奥さんだったようだ。家事の分担も夫にたのんだが、中々応じてくれなかった。子供に対してもきびしく、三回言っても言うことを聞かないと、竹の物差しで容赦《ようしゃ》なく叩《たた》くといった母親であった。

そんな状態で、実母さんが亡くなったのと同じ四十五歳になった時、彼女は二人目の子供を妊娠した。八重子さんはためらうことなく「生み育てたい」と思ったが、夫は「あきらめてくれ」とおっしゃるのだ。

それ以来十日間は、夫は何を言っても返事一つしてくれなくなった。そこで八重子さんは思いあぐねて、両親のお墓に詣《まい》って祈り、そのお寺の住職さんに相談してみた。すると住職さんは、

「もう一度ご主人とよくよく話し合ってごらんなさい。もしご主人が折り合わず、仕方なくあなたがご主人の言うことに従ったとしても、罪の意識を持つ必要はないんですよ」

と助言して下さった。

力を合わせて頑張る

八重子さんはその言葉を考えながら家に帰ってきたが、その途中で、涙があふれて止まらなかった。彼女は初めて、今まで自分がしてきたこと、そして夫に対して素直な気持で従ったことなど一度もなかった自分に気がついた。そしてこれからは、本当に夫の心にそって、その意見に従って、生きて行こうと心にきめ、家に帰っていったのである。

そのように八重子さんの心が変わると、今まで口もきかなかったご主人が、玄関先まで出迎えて、

「からだは大丈夫か」

とやさしくきいてくれた。八重子さんは返す言葉もなく、立ちつくしていた。するとさらに、

「もう一度、よくよく考えてみたけれども、三人で力を合わせて頑張れば、何とかなる。おかあさんには、もっともっと頑張ってもらわなければいけないけど……」

と言われるのであった。そのころの八重子さんは、まだ生長の家の教えは聞いていなかった。だから夫婦の間の役割や、針に糸が従うように、妻は夫について行ってこそ着物が縫えるなどということは、意識して考えたことはなかった。ハイ・ニコ・ポン*も全く知

らなかった。けれども無意識のうちにその心になった時、夫が進んで子を産むことに協力し、賛成してくれたのであった。

やがて二人目の女の子が産まれた年の秋に、一冊の『白鳩』誌と講習会*の案内状が山川さんの家に届けられた。八重子さんは、まるで何者かに背中を押されるような気持で「講習会に行ってみたい」と思い、初めて参加したのである。さらに教区大会にも行き、そこで勅使川原白鳩会会長の話を聞き、その後すぐ「母親教室」へ行くことをすすめられた。以来彼女は幼い子供をつれて「母親教室」に通い続け、さらに誌友会や若い白鳩さんの学習会などにも参加し、熱心に生長の家の生き方を学んだ。すると先祖供養の話を聞く機会があったので、その大切さをしみじみと感じ、早速二十名近くのご先祖を〝霊宮聖使命*〟に入れ、聖経の読誦や霊牌《れいはい》供養などを行った。

すると結婚する前に亡くなっておられたご主人の父の実家と、二十年以上も全く交流がなかったのに、夫の父のご両親がとても身近に感じられ、平成十年の夏のお盆に帰省した時、父の実家のお墓にお詣りすることができた。すると実家でも、和明さんの来訪を大いに歓迎して迎えて下さった。ご主人は心から喜び、

「本当に来てよかった。もっと早く来ればよかった」

とおっしゃり、その年の秋の講習会に、夫ははじめて長男さんと一緒に参加して下さった。

さらに娘さんは当時五歳になっておられたが、「生命学園」*などに四年間も通い、多くのことを学習した。そして「当り前」の生活の中に「ありがとう」という感謝のコトバが出てくる毎日を送っておられる様子であった。平成十一年の講習会の後にご主人は、

「講習会に来られる方々を見ていると、生長の家はすばらしいと分る。心から応援するよ」

とおっしゃって下さったということである。

子にも教えられる

現在八重子さんは教区白鳩会の支部長をつとめ、地方講師としても大活躍をしておられるのである。平成十二年の春、ご主人と一緒にいる時、娘さんが、

「お父さんに、お手紙！」

といって彼女の書いた手紙を手渡した。中を読んでみると、

「お父さん、お母さん、本当のことを沢山《たくさん》教えて下さい」

と書いてあった。そこで和明さんは娘さんに聞いた。

「本当の事って、何なの？」

するとと娘さんは、

「神様のこと」

と答えた。そこでご主人は、

「これからは僕も、一所懸命学ばなければならない」

とおっしゃった。もし八重子さんのあの時の心の変化がなかったならば、彼の心も変わらなかっただろうし、そうなるとこの娘さんも、この世に生を受けることなく、あの世に立ち去ることになっていた筈である。

このようにして現在の日本には、あまりに多くの幼いいのちが、単に夫婦の無理解から、失われて行っているのだ。しかも一方では国全体が急速な「少子化現象」に苦しみ、その対策さえ何もたてられず、次第に縮小する若者たちに、過重な負担をかけない方策に頭を悩ませている。その理由の最大なるものは、「神様の事を教えて」という素直ないのちの叫びに応《こた》えていないからである。さらに又その背後にある「神の子・人間」さらに「心の法則」や「心の感応現象」にすら、関心を向けない人々が、あまりにも多く、「神」の何たるかが分っていない現状だからである。

＊本部講師＝生長の家総裁により任命され、本部直轄の下に生長の家の教えを布教する講師。

＊『子供の性と勉強』＝鹿沼景揚著、現在品切れ中。（日本教文社刊）

＊河口湖の生長の家の練成道場＝山梨県南都留郡河口湖町船津五〇八八にある生長の家富士河口湖練成道場。毎月各種の練成会が開催されている。

＊地方講師＝自ら発願して、生長の家の教えを居住都道府県で伝える、一定の資格を持ったボランティアの講師。

＊ハイ・ニコ・ポン＝人から何か頼まれたら「ハイ」と返事をし、「ニコッ」と笑顔で、「ポン」と立ち上がってすぐに行う――という生長の家の教えの一つ。

＊講習会＝生長の家総裁、副総裁が直接指導する生長の家講習会。現在は、谷口雅宣副総裁が直接指導に当たっている。

＊霊宮聖使命＝生長の家の運動に賛同して、月々一定額の献資をする聖使命会員が、霊界に移行した後も引き続き聖使命を果たすため、霊宮聖使命会費を遺族が代わって毎月継続して納入する場合、霊宮聖使命会員として生長の家宇治別格本山の宝蔵神社に祭祀される。生前、聖使命会員でなかった人も、遺族の申し出により祭祀することができる。

＊生命学園＝生長の家の子供のための日曜学校。お問い合わせは、最寄りの生長の家教化部まで。

二、執着を放とう

小さなことから

クモの糸

ごく小さな事物や行為は、とかく見落されがちであるが、そんなことが大事件や大きな幸せに連なることがある。かつて芥川龍之介という有名な小説家がおられたが、大正時代に活躍し、若くして死去された。そのすぐれた短篇に「蜘蛛《くも》の糸」というのがある。「羅生門《らしようもん》」とか「鼻」なども夏目漱石から激賞された作品だ。

その「蜘蛛の糸」は、お釈迦様が極楽の蓮池のほとりを散歩しておられる所から始まる。美しい蓮池の下は、丁度《ちようど》地獄の底に当たっていて、水を通して〝三途《さんず》の河〟や〝針の山〟などが見える――といった幻想的な設定だ。この地獄の底に、犍陀多《かんだた》という男が、外《ほか》の罪人と共にうごめいていた。彼は大泥坊で人殺しや火つけなど多くの悪事を働いたが、たった一つだけ善い事をした。

それは一匹の蜘蛛を助けたことだ。踏み殺そうとしたのを、可哀《かわい》そうと思って、止めたのである。それを知っておられたお釈迦様は、地獄から救い出してやろうとお考えになり、極楽にいる蜘蛛の糸を、蓮の間から下の地獄の底へたらされた。このような善業《ぜんごう》が善果を生むという「因果律《いんがりつ》」が、地獄・極楽の話で昔から多くの人々に伝わった。

一方地獄の底の〝血の池〟で、多くの罪人と共に浮いたり沈んだりしていた犍陀多は、フト見ると銀色に輝く蜘蛛の糸が、はるか天上から下りてきている。彼はこれをつかんで、上へ上へと一心によじのぼって行った。大泥坊だったのでこういう仕事には慣れていたのであろう。

さて力の限りたぐり上って行ったが、フト気がついて下を見ると、いつの間にか多くの罪人どもが、自分のあとからこの細い蜘蛛の糸をたぐりつつ、昇ってくるではないか。これでは細い蜘蛛の糸は切れてしまう。そう思って彼は大声で叫んだ。

「こら、罪人ども。この蜘蛛の糸は己《おれ》のものだぞ。お前たちは一体誰に尋《き》いて、のぼって来た。下りろ。下りろ」と。

するとその途端、今までどうもなかった蜘蛛の糸が、犍陀多のぶら下っている所から、ぷつりと音を立てて切れてしまった。たちまちあっという間に、彼ら全体はコマのようにクルクル回りながら、暗い地獄の底に落ちてしまった——という物語である。

慾を捨てる

この説話には二つの視点が示されている。一つは蜘蛛のいのちを助けたという〝小さな善行〟でも、それは人のいのちを、未来において救うキッカケになりうるということだ。この物語では、お釈迦様が極楽からクモの糸をたれて下さった。それに多数の罪人たちがすがりついて昇って来たが、先頭を行く犍陀多が、「自分だけ救われたい」という利己心を起し、それを「口に出した」その瞬間に、クモの糸が切れて、自他共に再び地獄に転落したのである。即《すなわ》ち利己主義では〝自分自身も救われない〟という「心の法則」が示されているのである。

このような人の心の奥義を伝える小説が、芥川龍之介にはまだ他にもある。例えば「魔術」という短篇には、インド人のミスラという魔術師のことが書いてある。彼の魔術を学ぼうと思い、〝私〟なるものがいろいろと教えを乞《こ》うが、ミスラは、

「慾《よく》のある人間には使えない、慾を捨てることが出来るか」

と問うのだ。「できると思う」と答えると、ミスラは魔術を教えてくれるのであった。やがて一ヵ月くらいたった時、〝私〟なるものがある日多くの友達と集った席で、魔術をやってみせた。暖炉の中に燃えさかっている石炭を掌の上にのせたり、それを金貨に変えてみせたりした。そして又もとの石炭にもどして、暖炉の中へ抛《ほう》りこもうとすると、友達は皆で猛反対する。そして結局一人の友人が、

「君はこの金貨を僕たちに取られたくないからそう言うのだろう。慾心を捨てたなどと言うのは怪しいものだ」

という。そこで「トランプをして結着をつけよう」ということになる。で一同は血眼になってトランプをやるが〝私〟は一方的に勝つばかりだ。そこで一人の友人が、「自分の財産全てを賭《か》けてやろう」と言い出して、「お前も金貨全てを賭けろ」という。

それにのせられて〝私〟も一か八かの勝負をやったところ、いつの間にか「慾が出てきて」、トランプのキングがトランプから外に飛び出し、いつしかキングがもとのミスラ君に変わっていたのである。つまり〝私〟が一ヵ月もたったと思ったのは、〝私〟がミスラの前で眠ってしまった二、三分間に見た夢だった。そこでミスラは、

「私の魔術を使おうと思ったら、まず慾を捨てなければなりません。あなたはそれだけの

修業が出来ていないのです。」

と言って〝私〟をたしなめたという話である。

このように〝慾心を捨てる〟という簡単な言葉でも、実は人生の一大事であり、人はみな「慈《じ》・悲《ひ》・喜《き》・捨《しゃ》」の〝四無量心《しむりょうしん》〟の「捨」（すてる）の徳をどこまでも追求する〝永遠の修行者であり、求道者である〟ということが言えるのだ。このように「利己心」という慾もなかなか捨てにくいし、「真理を知る」という重大事も、ごく小さな点でいつの間にか「非真理」を握りしめ、それを放そうとしないという〝不捨得心《ふしゃとくしん》〟であったりするのである。

さて平成十四年四月十四日に、私は一年ぶりに富士河口湖練成道場へ行き、〝特別練成会〟の中の三時間を受け持った。するとその時の体験発表の時間に、鈴木昌徳《まさのり》さん（昭和三十七年三月生まれ）という道場職員の一人がこんな体験を話して下さったことがある。

彼は生長の家に触れる以前に、別の宗教団体で三年間その教えを勉強したという。その団体を仮にXと名づけると、Xということの教えでも〝愛行〟*ということを教えて、同信者を拡げようとして活動していた。彼が入って三年目になるとXの上司から、

「もうあなたは自分の行《ぎょう》ではなく、人を救う方にまわりなさい」

と言われた。しかもXでは日時《にちじ》と人数を限って、「何月何日までに何人の人を導きなさい。これをクリヤーすることで、あなたの業《ごう》が消えるし、あなたの家の業も消え、幸せにつながる」と教えられた。そこで彼はこれを信じて努力したのであった。

しかしこの実行はなかなか厳しくて、このXという新興宗教には風当りが強く、しかもオウム全盛のころだったので、なかなか成果が上がらない。そこで友人知人ばかりさそったのでは間に合わないと思い、手当り次第に本を配ったりした。そしてその本の末尾に自分の名前を書いて配ったのだ。するとこの時点ではもはや〝愛行〟ではなくなっていた（と彼は思った）のである。自分の〝欲望〟を満たすための行動に変わっていた。しかし当時はそのことにも気付いてはいなかったと言う。

愛行か営業か

つまり同じ〝愛行〟をしているようでも、本当は〝営業〟をしていた。いや、それよりももっとひどいことをした。営業ならばその収入に相当するものを相手に渡すわけだが、彼の場合は「自分の欲望と引き替えだった」という反省なのである。そこで全く一人も導けない状態に陥《おちい》った。そんな状態が三ヵ月か四ヵ月ほど続いた。すると彼はついに病気になってしまった。熱が出はじめ、咳《せき》が出てきて、下痢をするし、嘔吐《おうと》もする。しかしそれまで大病を患《わずら》ったことがなかったので、タチの悪い風邪ぐらいだろうと思っていた。それが一ヵ月、二ヵ月と続く。これはおかしいと思い、病院に行ったが、そこでも病名や原因がつかめない。

そこで彼は今まで宗教の勉強をしてきたので、やはり病気は「自分が作り出したのだ」と反省し、今までの行動を振り返ってみた。そして自分の間違いに気付いた。しかしもう取り返しがつかない。それまでXで信じていた〝神〟というのは、善一元の創造神ではなく、善いことをした人には善果を与えるが、その〝神〟にそむく者には厳しく処罰するような〝神〟、つまりこの現象界の法則、「業の法則」のような〝神〟を信じていたのである。

この〝神〟を裏切った以上、そして〝神罰〟が下《くだ》った以上、「もう絶対に幸せにはなれない」と信じ、彼は自分の未来をあきらめたのである。つまり身体の不調和である病気を、〝神罰だ〟と思ったのだ。これは生長の家の「罪はナイ」という教えや、神が罰を与えるのではなく、本当の神は善一元の「完全円満な実相世界」を創造しておられる〝絶対神〟であるという信仰とは違っている。少し似ているようだが、実在と現象との違いがなく、判《わか》っていない。その違いがまだ彼には分からなかった。だからその時、

「もう何をやっても助からない」

と思い込み、鈴木さんは全くの無気力状態に陥った。そしてその状態が一年半も続く間に、会社をやめてしまった。どうせ何を勉強しようがダメだ。〝神〟を裏切って神罰を受けた以上はもう仕方がない。彼の信ずる創造神が裁いているのだから、救われないのである。そこで実家のある茨城に帰って行った。そして両親のもとで、食事を運んでくれる家族の介護を受けるだけになってしまったのである。

だが寝ても醒《さ》めても考えることは、

「お前は何を目標に入信したんだ」

ということであった。きれいな生活をしたいと願っていたことと、〝神〟を裏切ったという今の恐怖心と自責の念とで、自分を責めさいなむばかり。もうダメダ、ダメダと思い悩み続けたのである。そしていっそのこと死にたいと思ったが、霊界に行ったとしても、この状態が続くだろうと信じていた。しかも家族にもこの悪の報いが伝わって行くとも聞いた。だから死ぬに死ねず、生きるに生きられない――というドン詰りの状態に陥ったのである。

よいことをする

こうして最後に思ったのは、「どうせ幸せになれないのなら、神様、一気に殺して下さい」という願いだったが、一向に死にそうにもない。

そこである日海岸に行ってみた。するとその海岸があまりにも汚くよごれていた。それを見た時、フトかつて読んだことのある芥川龍之介の「蜘蛛の糸」を思い出した。その中には一匹の蜘蛛のいのちを救ったことによって、地獄から脱け出す〝蜘蛛の糸〟に出あったという話が書いてあった。もし霊界に行ってから幸せになれるチャンスがあるのなら、どんな小さなことでもよいから、一つだけよいことをしておこう。そう思って海岸に打ち捨ててあるゴミを拾いだしたのである。

もちろん全部のゴミを拾ったのではなく、ちょっとだけ空《あき》カンを拾った。すると空カンがだんだんたまってくる。それらを拾い集めたが、持って帰れない。何か袋はないだろうか、と思っていると、ちょうど目の前に空カンが幾つか入るくらいの袋が落ちていた。それを見て、

「必要なものは、必ず与えられる」

ということを聞いたこともあった。それに気がつくと、まだ神から見捨てられていないのかも知れない――と思い、「一からやり直そう」と考え、家に持って帰ってから、今まで読んだXの宗教書をもう一度読み返してみたのである。

しかしいくら読んでも、この苦しさからは脱出できない。そのような時、今度は父親がこう言ってくれた。

「私の母は、わけの分からない宗教をやっていたし、わけの分からないお経も読んでいた。でもその時、私の兄弟は色んな局面で助かった。ひょっとしたら、本物の教えだったかもしれない。それは自分の母親が（祖母が）信仰していた教えだ」

その教えが「生長の家」だったのである。そこで昌徳さんはすぐさま本屋に行って、『甘露の法雨』を買ってきて読んだ。その時、はじめて完全な「創造神」、そして善一元の世界のみがアルのだという真理にふれたのである。即ち『甘露の法雨』には、

『創造の神は

五感を超越している、

六感も超越している、

聖

至上
無限
宇宙を貫く心
宇宙を貫く生命
宇宙を貫く法則
真理
光明
智慧
絶対の愛。
これらは大生命――
絶対の神の真性にして
神があらわるれば乃《すなわ》ち
善となり、
義となり、
慈悲となり、

調和おのずから備わり、
一切の生物処《ところ》を得て争うものなく、
相食《は》むものなく、
病むものなく、
苦しむものなく、
乏しきものなし。』……

これを読むうちに、今までの宗教書とは違う、レベルが違うと気付いたのである。悪はないのだ。闇《やみ》もない、肉体もない、病気もないのだ。それらを読んだ時、ああ、これで救われる――病気もない、罪も悪もないのに、それをアルと思って引っかかっていたのだ。そう気付いたので、彼はすぐ河口湖にある「生長の家富士河口湖練成道場」の門を叩いた。

このようにして現在の鈴木昌徳さんは当道場の職員として、炊事場の仕事を一人で引き受ける立場に立ち、正しい信仰を持つ信者となられたのである。彼の場合は、まさに地獄の中で苦しみ悩んでいた人が、空カンや袋拾いという小さな善行に気付き、一本の細い「銀の糸」をたぐり上げて、再びこの地上で「さらに善を積み重ねる」という幸運を得た「神の子・人間」だということができるであろう。

このようにちょっとした信仰の違いと思われる点が、「天国と地獄」とを大きく分ける結果をもたらすことになるものである。それ故生長の家の〝万教帰一《ばんきょうきいつ》〟*の教えは、「どんな宗教を信じてもよい」というような安易な意味ではないことが明白となるであろう。このようにして、一見「ちょっとしたこと」のように思われても、そこから天国と地獄の差が出てくることを、よく心得ておかなければならないのである。

*愛行＝教えを伝道すること。また、月刊誌や単行本などを伝道のために頒布すること。
*万教帰一＝すべての正しい宗教が説く真理の神髄は一つに帰するということ。

ねばりつきを放す

オートマティック免許証

私は昔、自動車の運転に興味を持ったことがあった。そのことについてかつて書いたこともあるが、終戦後の東京の焼野が原で、アメリカ進駐軍の兵隊が、ジープを自由に乗り回しているのを見て、これは中々イケル機械だ、私もやってみたいと思ったことがキッカケだった。そこで早速運転免許を取りたいと思い、昭和二十四年ごろ家内と二人で、当時都内には少ししかなかった三田の練習場へ行って練習を始めた。

するとガタガタの車で、ニッサンの小型のダットサンで練習させられた。当時はガソリンが不足していたので、ダットサンの後部に木炭をもやす釜がついていて、そこでもやした煙をエンジンに引き込んで走らせる木炭車だった。従ってすぐエンコして、エンジンが中々かからない。すると指導員が叫ぶのだ。

「オーイ、おりて後ろから押してくれ」

そこで車の後押しをして、やっとエンジンがかかるという訳で、エンストでも散々《さんざん》苦労した。時には今日はダットサンが壊れたから、トラックで練習しようといって、むりやり大きなトラックでダブル・クラッチを踏まされたこともあった。おかげでやっと免許証をもらったが、当時の免許証は何年かたつうちに自動的に位《くらい》が上がって行く仕組みで、いつの間にか二種免許で、大型のトラックもタクシーも、おまけに千CC以上のオートバイにも乗れるようになっていたのである。

つまり成長する〝オートマティック免許証〟で、すこぶる便利だったが、機械の方は今日のようなオートマティックとはちがい、もっぱら手動クラッチであった。しかし私も晩年になるにつれ視力や運動感覚がにぶって来たのを自覚し、今は免許証を返上して、もっぱら歩くことと、遠くは電車やバスを利用している次第である。これは環境汚染の排気ガスを少なくすると同時に、身体の運動にも役立つから好都合だ。さてこうして街を歩いて通勤していると、このごろの青年男女の背が高くなったのには感心する。私も若いころは一メートル七十センチまであったが、今ごろは（平成十四年十月で満八十三歳）それ以下の一メートル六十五センチぐらいだ。体重も若いころとはかなり減って、五十五キロになった。そのうち何年かたつと、〝灰〟の目方だけになる予定だが、魂の方は永遠に生き通していて、宇宙一杯を自由自在に、全オートマティックでかけめぐるつもりである。

古い機械

ところで肉体は人間の使う一時的〝道具〟であって、一種の乗り物であり、工作機械でもあり、電気製品のようなものでもある。従って古くなると故障が起りやすい。だから老人になると、よく転んで骨折するというが、私の住んでいる所は本部の公舎で、門から玄関まで長い石段が続いている。それを登り下りしないと外出できないので、雨が降るとすべりやすくなる。今は用心しながら歩いているが、そのうち手摺《てす》りのようなものを付けてもらうかも知れない。今は帽子をかぶり、冬は手袋をはめて歩く。それも一番よいのは革などのシャレたものではなく、軍手《ぐんて》がよろしい。あのような綿製品を使うと、何度でも洗濯できるし、街角でカンカラや屑《くず》を拾うのにも便利だからである。

機械は古くなるとよくこわれたり動かなくなったりするが、私宅で使っているVTR（ビデオ）も最初はソニーのβ《ベータ》型を使った。今はVHSを主に使っているが、その古いβ

の一つが故障してうまく作動しなくなった。そこでソニーのサービス・ステーションに持って行ったところ、修理費が二万二千円くらいかかって直った。それでも新品を買うよりは、古い機材が廃棄されないだけましであろう。もう一つ故障した別のβも修理に出したが、この見つもりはまだ出ていない。録画予約の送り機構が動かなくなったが、この送り機構の部品は、下請け会社の製品だそうで、そのため見つもりに時間がかかっているようである。（その後修理代二万八千二百四十五円であった）

私の機械への関心は、その昔からカメラ類にも及んでいて、その後主に使ったのはトプコン製のホースマンという69型のカメラであった。レンズは大型の全手動製のもので、ボディーはVHRとVHと二台ある。そのVHRの方は、現在製造停止らしいが、正確な焦点を合わせるには後ろから逆転した影像を見て合わせるが、それとは別に、レンジ・ファインダーで合わせる機構もついている。これはトプコン製のレンズだけに利用できるようだが、ごく小さい（長さ四センチほど）金属板の距離計連動カムをはめると、この機構が作動するのであった。

ところが私のホースマンは、二台とも中古品を買ったので、このカムは九〇ミリ・レンズ用のだけがついていて、それ以外の長いレンズのもののはなかった。だいぶ昔の製品だから、中古店でも中々見つからない。そんなとき、フト思いついて、新宿のMというカメラ店に行ったついでに聞いてみた。するといつものベテランの店員Hさんが、引き出しの中を探していて、一枚のカムらしいものを取り出し、「これでためして下さい」という。それが珍しくスーパー・トプコールの百五十ミリ用のものであった。自宅に帰って私の持っていた百五十ミリ・レンズを見ると、これもスーパー・トプコールで、ピッタリ合ったのである。その上Hさんはこのカムをタダであげるというから、まことに有難い話であった。

心の執着を解く

このように強く念願している〝思い〟はかなうものだが、同じトプコンのレンズで、もう一つこんなこともあった。それは百二十ミリのERトプコールという標準レンズより少し長いレンズがあった。これも中古店で買ったものだが、レンズのシャッターの開閉とセルフタイマーがうまく動かず、開きっぱなしになるようになった。そこでやはり新宿にある〝中古カメラ市場〟に持って行って修理をたのむと、ここではレンズの油がねばりついたのだから、洗浄するとよいといって、一週間後に一万五百円で完全によくしてくれた。

このレンズはセルフ・タイマーまでついている大型レンズで、近ごろめずらしい製品であった。（その後これらのカメラ類も、今はデジタル・カメラに替ってしまった）

このように機械では時々油のねばりつきがあるが、人間では〝執着〟という心のねばりつきが問題で、これもやはり洗い流してサバサバとした心にならないと、色々と面白くない事が起るのである。宗教の本質は、まさに「執着を去れ」ということであり、キセキを追い求めることではない。執着には愛着もあるが、誰かのコトバに引っかかって、そのコトバに惑わされるというような執着もある。例えば医者のコトバによって、「もうこれは治らない」と思い込んだりするのも、心のねばりついた状態と言えるし、借金で首が回らない、もうダメだと思い込むのも、心のねばりつきである。

例えば山口県玖珂《くが》郡美和町《みわちょう》長谷という所に、篠原《しのはら》和子さん（昭和十八年三月生まれ）という方が住んでおられるが、平成十一年三月二十七日の総本山の団体参拝練成会で次のような話をされた。和子さんは昭和四十年に現在の夫、唯夫さんと結婚した。するとその姑さんがものすごく厳しい人だったので、そのストレスもあったらしく、妊娠後七ヵ月で流産した。さらに次の子も流産であった。その後医者からは、

「あなたは将来、もう子供は望めませんね。断念して下さい」

と言われた。そんな悲観的な言葉を聞かされると、彼女は毎日悲しい気持で暮らす外ない。そのような時に、実家の母の谷本玉子さんが生長の家を信仰しておられて、『白鳩』誌を持参して下さったのである。それがきっかけとなり、講習会にも連れて行ってもらい、地区の相愛会長さんからも色いろと教えられた。こうして和子さんは、

「人間・神の子・病なし」

という祈りの言葉を毎日朝の五時と夜の八時とに唱えはじめた。すると昭和四十六年五月九日に山口県で講習会が行われることになったが、それ以前に和子さんは妊娠していた。そこでやはり毎日その言葉を祈り続けていたところ、丁度《ちょうど》講習会の当日、講習会に行く人達の乗る専用のバスが来たので、和子さんもそれに乗って行く予定にしていた。

「早く乗りなさい、遅れるよ」

とすすめられたが、どうも乗る気になれない。何だか産気づいたようだ。そこで、

「バスはもう行って下さい」

「そりゃあんた、エット（沢山《たくさん》）人をさそっちょるのに、行かにゃいけまい」

と言われるが、やはり断って、産婦人科の方に出かけた。するとその日の夕方、講習会が終る時間に、長男さんが誕生したのである。しかもその後は次々に、四人の子供さんに

恵まれ、毎日明るく賑《にぎ》やかしい生活を送った。これは祈りや真理の言葉によって、「子供をあきらめなさい」と言われた医師の言葉へのねばりつきを洗い流した結果だということが出来るだろう。

つまりどんな人でも、一回や二回の流産で、子供を産む能力がないなどという思いに縛られる必要はないのである。「神の子・人間・無限力」の光のコトバの方がはるかに強力で、闇に対する光の働きをするものと知らなければならない。

聖経の読誦

さらに篠原さんはこんな話もされた。昭和五十三年の春、丁度長男さんの入学式があるというので喜んで仕度《したく》をしていた時、ご主人の唯夫さんの手や足がしびれて動かなくなった。歩くのもまっすぐ歩けない。風呂上がりのことで、和子さんはびっくりした。見ると両脚の太股《ふともも》のあたりに、血が流れている。

「どうしたの？」

ときくと、いくら脚を叩いても、つめっても、痛いのが分らなくなったといわれる。そこで大きな病院でみてもらおうというので、近くの整形外科に行って診てもらった。すると種々検査の末、これは脊椎腫瘍《せきついしゅよう》であり、頸《くび》の所に腫瘍があるから、ここでは手術できない。すぐ紹介状を書いてあげるから、国立岩国病院にいい先生がおられるので、そこへ行きなさいと言われた。

早速そこへ行って入院し、一週間は検査ばかりされた。その結果をレントゲン写真などを見せながら詳しく説明されたのだが、ハッキリと頸の部分の第四頸椎《けいつい》に腫瘍のようなものが写っていた。

「これがあるから麻痺《まひ》が起ったのだが、この部分は神経が集中しているので、それをちょっとでも傷つけると、首から下の機能が全部麻痺するかも知れない。だからもしこの腫瘍が悪性だったら、残念ながらあきらめて下さい。良性でも内側にあると、神経を傷つけるから、開いてみないと分らない。しかしとにかく手術をするのは早い方がよい」

と言われ、四月二十一日に手術することにきまった。唯夫さんはもうだめだと思われたらしく、「あとを頼むよ」と言われる。和子さんは、もしそうなったら四人の子を育てられるかしら……と思い、ひどく心を痛めた。

そして実家を訪れたのである。そのころは父と母はもう亡くなっておられ、和子さんの弟さんが住んでいたが、その時は会社に行っていて、家には誰もいなかった。和子さんは一人で仏壇の前で母の形見の『甘露の法雨』を取り出し一心不乱に誦《あ》げた。母は生前よくこの『甘露の法雨』を誦げておられたので、その姿やコトバを思い出しながら何度も読誦《とくじゅ》した。すると今まで胸につかえていた悲しみや苦しみなどのモヤモヤが、いつの間にかきれいに消え去っていたのである。

「もう大丈夫だ。夫が亡くなられても、私は子供を連れて生きて行ける！」

という気がして、急に元気が湧《わ》いた。

影はない

やがて手術の朝になると、和子さんは家の外に出た。そこにはきれいな水の湧く池がある。その池の前へ行って、一所懸命で「神想観」をした。そして何回も井戸水を頭からかぶり、身心を浄《きよ》めた。すると気持がスーッとして、温かくなった。気がつくと、湯気の中にいる自分を見出した。すると「もう大丈夫」という気持になったのである。

やがて病院に行くと、無事に手術が終り、彼女は手術の麻酔が切れる夕方まで病院にいた。するとご主人が気がついたころに、手術をして下さった毛利先生が病室に来られた。

夫の手の機能をしらべてみて、

「あら、だいぶよくなったね」

と言われた。足をもって、ボールペンで引っかいたところ、夫は「痛い！」と叫んだ。神経の感覚がもどっていた。毛利先生が言われるには、

「それがね、篠原さん、おかしいのよ。あれほど写真にハッキリ写っていたのに、手術したらナイのよね。だから何も取らないで、縫い合わせたんですがね」

とおっしゃるのだ。その後唯夫さんはすっかり元気になられ、プロパン・ガスなどを販売する会社で働いていたが、ボンベを担いであぜ道を運ぶ時、転んで落ちた。その時にも又肩が痛くなって、整形外科に行くと、

「あんたはもう、どうもない」

と言われ、そのうち痛みもとれ、今は元気に生活して、総本山の練成にも来られたことがあるという話だった。これも心の中の引っかかりや執着を洗い流した時、肉体に現れていた病変もきれいに消滅してしまったという、「身心一如《いちにょ》」の体験で、心を浄化することがいかに大切であり、人間の無限力、自然治癒力を引き出す秘訣《ひけつ》であるかを物語る例だと言えるであろう。

このように心が「本心」を現し出す練習即ち修行が宗教の本質であって、それ以外に人

生問題の根本解決はどこにもあり得ないと言えるのである。人によると科学万能論を唱えたり、経済第一主義を主張するが、それらは全て現象界の出来事であり、〝影像〟なのだ。何の影像かというと、実在界という「理想世界」「神の国」「本源世界」の影像である。影像は全て〝完全無欠〟というわけには行かない。そこには五感・六感に限定された枠があるからだ。その影像が吾々《われわれ》には見えるし、アルかの如くに実感されるのだ。しかしこの感覚が悪いというのではない。丁度写真を示して、

「これが私の父です、母です」

というようなものだ。写真は便利だから、持ち歩くこともできるし、本物の父母の代りに、友人知人に見せることもできるだろう。しかし本物の父母は写真という紙ではないことぐらい誰でも知っている。そのように、肉体も三次元の写真のようなものだから、人間の使う道具だという。写真機もビデオも道具だが、その写した写真も映像も道具だし、写された人間も仮の姿なのである。だからこれらが壊れても、本当の人間、実相世界の「実在」は久遠・不滅・不老・不死なのである。

赤字に引っかかるな

さらに又経済的な不況とか、政治的混乱なども、全て現象界という影の世界の不完全さであるから、これを「物や地位の取り合い」といった側面だけで解決しようとしても、中々根本的解決には到らない。ところが実在界は無限の宝庫で、いのちや智慧や愛がみちあふれている。どこにも「足らざる所なし」であり「無限の可能性」の世界である。この姿を、心に描き、心で観《み》、コトバで表現することのできる人々が数多く出てくれば、この世は自ずから浄化され、調和し、豊かになり、活気がみちあふれ、平和となるのである。

例えば日本は財政赤字だとか、不況だとかいう言葉の充満しだした平成十一年四月四日の『産経新聞』に、すでに日本証券経済研究所主任研究員の紺谷典子さんが、こんな記事を寄せられていた。「政府に巨額資産」があるという小見出しの部分だが、それ以前に、一家で「赤字」だと言っても、「債務に見合う資産があるなら問題ではない」と述べていて、『日本政府の債務はたしかに大きいが、巨額の資産も持っている。資産と相殺してもなお債務が残れば、それがはじめて「赤字」である。GDP（国内総生産）との比率で財政「赤字」を比べると、政府保有の金融資産（たとえばNTTやJRの株式）を考慮するだけで、日本は先進国の中で財政最優良国になる。処分可能な実物資産まで入れれば、財政赤字はもっと小さくなるだろう。

民間には情報開示を迫る大蔵省だが、政府の資産についてはほとんど情報開示を行っていない。単なる債務を赤字と言いくるめ、いたずらに危機感をあおり、不況のさなかの増税に成功した。それが、どれほど景気を悪化させ、無用な失業・倒産を生じさせたであろう。財政の危機をあおられて、国民はどんなに不安に陥ったことか。

マスコミも財政学者も大蔵省の誇大宣伝を指摘しないどころか、財政危機の宣伝に一役かってきた。しかし、たとえ財政赤字が大きいとしても、貿易黒字の日本で財政赤字が緊急深刻であるはずがない。他の多くの財政赤字国は同時に貿易赤字でもあり、官民ともに借金漬け。いつか外国に返さなくてはならない借金を抱えているから深刻なのだ。

それに対して、貿易黒字の日本では、政府の借金は国民から借りているだけ。財政はいわば家計費だ。奥さんのやりくりが下手で家計（政府）が赤字でも、ご主人が他人に貸せるほど稼いでいる家を（日本は世界一の債権国）、破産寸前と言うだろうか。（後略）』

まことにごもっともな論説で、大蔵省や現在の財務省の発表も、もっと国有財産にまで及ばないと、多くの国民は「赤字」というコトバにおびやかされて、心が萎縮《いしゅく》する。そして財布の口を閉じてしまう。その上金利を0近くまで低下させて、金融機関や企業にばかり目を向けているから、庶民の金《かね》はタンスの中か、地中か、金《きん》か銀か、外国へと流れて行くのである。

それ故、もっと思い切って国有財産を民間に放出することだ。大学や病院でも土地でも山林でも、民有にしてしまえばよい。その上で豊富な財源から〝奨学金〟や〝医療費補助〟をしたり、自然環境の保全をさらに強く立法化することがよいのではないだろうか。「土地収用法」も活用したらよい。財産や法がアルのにナイと思い込んで、心を凍りつかせ、心の油をねばりつかせてはならないのだ。これも一種の〝国有財産〟や〝官〟に対する〝執着〟であろう。

財布について

一家の財産についても同じことが言える。かつてある女性が練成道場へ来て、夫が先祖の残した財産のムダ遣いをして困るという質問をしたことがあった。この話は昔どこかに詳しく書いたこともあるが、夫は養子に来たらしく、妻である彼女は、先祖代々の財産を減らしてはならないと固く思いこみ、夫の浪費にひどく反発して夫婦喧嘩《げんか》を繰り返した末、家をとび出して練成会に来たのだ。夫には自分がどこに行ったか知らせてないというので、私は「夫婦調和」の大切さを説き、今すぐこの練成会に来ていることを夫に知らせなさいと言ったが、彼女は指がふるえて、電話のダイヤルが回せないと言う。

「でも、あなたの家の財産はまだ沢山あるのでしょう」

ときくと、タップリあるという。豊かな山林が一杯あるらしい。

「だったら、夫が少しぐらい使ってもよいではありませんか」

というと、目を丸くして、先祖の残した土地でも、手放してよいのかときく。沢山あるのなら、手放してもよいし、第一財産を守るために夫婦喧嘩をするのはよくないよ——とか何とか言って、和解と感謝とをすすめたことがあった。

この女性などは財産が沢山アルのに、夫の使った多少の金額に引っかかって、夫を悪者だと思いつめていたのである。これは〝財産〟に執着した不幸な夫婦の争いであったが、これに類したことは世の中にいくらでもある。

かつて私はいつも持参している財布を紛失したことがあった。大した金額ではないが、いつもズボンの後ろのポケットに入れていたのに、本部に来てみるとナイのだ。すぐ家内に電話して、家に残っていないかどうか聞き合わせたが、どこにもナイという。そこで本部の部屋や車の中も探してみたが、どこにも見当らない。夕方になり、

「どこへ落としたのか……」

と思いながら帰宅して、昨日使った洋服のポケットを探したところ、そのズボンのポケットに、ちゃんと入っていたのである。

要するにきのうと今日と、洋服を取りかえてもよいくらい「洋服がありすぎた」ということなのであろうか……

勇気ある人びと

タバコは火事よ

よく人は「勇気を出せ」とか「人を勇気づける」という。「私は勇気がない」などということ、弱々しい人を想像するが、勇気とは何か「力」のようなものらしい。必ずしも肉体の力とは限らず、〝いさましい意気〟とか〝物に恐れない気概〟などと『広辞苑』には書いてあった。

さらに『漢和大字典』を引くと、〝ものおじしないで物事にたち向かう気持ち〟とあるから、肉体の力というよりも、〝気〟即ち〝心の力〟のようである。漢字の「勇」は男の上にマがついているのではなく、力と甬《よう》との合字だそうだ。甬は踊とも書き、トントンと足踏みをすることを言い、〝舞踊〟などと使われる。力があふれている感じだ。従って男性の専用ではなく、女性も所有するのが勇気であり、老若男女を問わないのである。例えば平成十三年三月二十九日の『産経新聞』にはこんな投書がのせられていた。

『基島武義　82（兵庫県西宮市）

「喫煙者は吸わない人の四倍も肺がんになる率が高い」という記事を以前読みました。たばこによる失火や喫煙マナーの悪さが問題を起こすこともあります。

私は在職中、「たばこをやめる」と言っては二日と続かず、隠れてトイレで吸うなど苦労しました。それをやめることができたのは孫娘のおかげです。

正月前、出張から帰宅して喫煙していると、園児の孫娘が「おじいちゃん、たばこは火事よ」と言います。詳しく聞くと、友達の家がおじいさんのたばこが原因で焼けたそうです。

そのとき、体調のせいか、吸っているたばこはまずくて、つい「おじいちゃんもやめよう」と言うと「ヤクソクよ」と言って喜んで帰りました。

元旦、決意新たに禁煙しました。容易にやめられたのは、孫娘との約束と、もうひとつ、出張と正月を重ねての連休です。職場の仲間たちとしばらく接触がなかったのが幸運でした。いまの健康は禁煙の成果であると思い、孫娘のひとことに感謝しています。

禁煙は強い意志で決まります。何かきっかけをつくってチャレンジしてください。（元会社員）』

この投書者の基島さんは、八十二歳で長年のタバコをやめたというから、勇気があった。しかもその決断を引き出したのが幼い孫娘さんだったというから、この子のコトバにも力がこもっていたと言えるだろう。

業について

力にも色々の種類があるが、善に導く力もあるし、悪に誘う力もある。それはいずれもコトバの力と言えるが、「行」という字を書いてコトバとも読む。「行」が積み重なったものを「業《ごう》」というが、仏教では「業」を三つに分けて、「三業《さんごう》」という。即ち「身《しん》・口《く》・意《い》」の三つの業だ。身《しん》は身体の動きや表情、口《く》は言葉、そして意《い》は心の思いである。

この「三業」によって、現象世界は作られてゆく。だから善い心や善いコトバが、善い世界を作り、悪い心やコトバが、悪い世界や不完全な肉体・環境を作り出すのである。タバコを吸うというのも、その心は「世の中のためにつくす」というような善い心ではなく、ただ単に自分の快楽や気休めのためであろう。他人に迷惑を与えるとか、吸わない方が健康にもよいというようなことより、「自分勝手な心」である。それを人の前で吸うと、その煙が他人にも害を与える。子供にも強い影響を及ぼすし、火事の原因にもなる。だから孫娘さんは「タバコは火事よ」と言った。止《と》めたいと思うコトバである。それが力になって、基島さんの勇気が引き出されたから、彼女は善いことをした。そしてその力があった。肉体の力ではないが、心（コトバ）の力である。

このように善いコトバによって、善い力が引き出され、悪いコトバによって悪い力が引き出される。悪い力とは、大切な物を破壊したり、他人の物を強奪するような力である。それ故、勇気にも〝蛮勇をふるう〟というような勇気も仮相《かそう》としてはあるということになる。かつて某民族が蛮勇をふるって、大平原地帯を征服したという歴史もあったが、その指導者はたしかに勇気のある人だったかも知れない。がその勇気は〝善〟とは言い難いだろう。そうかといって全部〝悪〟ともいえないような、灰色であった。

そこで勇気はまた「実行力」であり「決断力」であるとも言える。だから本来は善なる力であるはずだが、その力が迷い心で引き出され、さらに指向されると、悪い勇気となるのである。これは優れた能力のある自動車が、善なる目的に使われると善事をなしとげ、犯罪行為に使われると、悪をなす力となるようなものだ。従って一概に、

「あの人は、勇気があるから善人だ。彼に従ってゆこう」と言うわけにもいかない。善なる心により、善なるコトバによって勇気が引き出されなければ、価値はないということになる。その善の窮極《きゅうきょく》なるものが「神意」であり「仏心」であるから、このような「本源の心」によって引き出される勇気をもって「真実の勇気」ということが出来るだろう。そうした勇気がないのが、現代日本の政治家だ――などという批判が出てくるのは、何とも遺憾千万な世相である。

日本はどうなるか

しかし勇気も心の力の一種だから、全ての人々には〝内在している〟はずだ。ただそれが行動やコトバに現されていない。つまり訓練不足だということである。最初にあげた「タバコは火事よ」と注意した幼い娘さんも、これは勇気があった発言と言えるだろう。しかし、肉親同士ではなく、他人に対して注意するのは、ちょっと難しい。かなりの勇気と良識がないと、相手とケンカになることもある。平成十三年三月九日の『読売新聞』には、次のような投書がのっていた。

学生　崔　美玉　30（横浜市）

『

昨年の十一月、中国から日本に来て、日本語学校で勉強していますが、日本人の考え方にびっくりすることがいろいろあります。その中の一つは、高校生の喫煙です。

私は毎日、電車で通学していますが、駅で高校生がたばこを吸っているのをよく見かけます。ところが、それを注意する人を一人も見かけません。

私の国では、高校生がたばこを吸うことは絶対だめです。もし吸っているところを発見された場合、その高校生は厳重な処罰を受けます。コンビニなどで未成年者にたばこを売った場合も、その店は営業を続けることができなくなります。

私の国では、未成年者がたばこを吸っているところを見たら、大人たちが注意します。自分の子供のようにです。

未成年者は好奇心が強く、この時期に大人がきちんと教えないと、自分で正しい判断ができず、素行が悪くなってしまいます。

何十年か後には、今の高校生に日本を任せなければなりません。高校生、つまり何十年か後の日本の主人公については、日本全体が関心を持って考えるべきではないかと思っています。』

このように日本人全体に勇気が欠如していると見られ、マジメに日本の将来を心配してくれる外国人もいるくらい、現代人は自分の殻の中に閉じこもっている。しかし又こんな実例もある。平成十三年二月十日の『産経新聞』の投書だが——

『　　　　　　　　　　　　　　　　　　　　小松憲司　42（高知市）

十年も前の秋の夕暮れ、まだ人通りの多い中央通りの路面電車の停留所で、少女の奇声がした。

ジョギング中の私の目前で、制服姿の女子中学生が、少年少女グループから、一方的に長い髪を引っ張られたりして暴行を受けている。停留所にいる大人のだれもが、傍観するだけで手をこまねいている。

「女子中学生を何とかしてやらなくては…」。私は、思わずその渦中に飛び込んでいた。

「あんた、その娘（こ）と何の関係があんのよ！」グループの一人がそう叫ぶ。

「何の関係もない。ただの通りすがりの者だ、やめなさい！」

髪を引っ張っている手を離させ、女子中学生の前で私が盾になったので、グループはそれ以上のことができずにあきらめて行った。

女子中学生にけがないことを確かめ、安全な場所からタクシーに乗せ、念のためう回して帰宅するように告げて見送った。

その直後、私の胸が焼けるように熱くなった。

一人の少女を恐怖の場から離してやったというだけで、なぜか自分自身に熱い喜びがこみあげてきた。他のだれかのためにした行為が自身の幸福感となって返ってきたのを知った私。「ありがとうございます」と、その出来事との引き合わせに感謝していた。（公務員）』

練習をすること

このように勇気を出して良いことをしたり、人助けをした場合は、自分自身の中に悦びが湧くものだ。それはどんな小さな善行でも、やればやるだけ、勇気が出てくるし、悦びが湧いてくる。だから善い行為に向かって勇気を出す練習は、どんどんすることが大切である。この練習の途中では、色んなことがあるだろう。だからどの練習でも、〝やさしい事〟から始めるのが正攻法だ。例えば小動物を助けてやるとか、弁当クズや空カンを一つでも拾って片づけるなどは、誰にでも出来るはずだ。ところがやってみないと、中々やる勇気が出て来ない。まして人の間違った行為を注意するというのは、やさしくはない。だから、そこからやり始めると、失敗することもあるだろう。いつしか知らんふりをしてしまう。平成十三年二月十日の『産経新聞』には、こんな投書がのった。

『　　　　　　　　　　　　　　　　　　　樋口美由紀　37（大阪府豊中市）

それは二十歳のころ、一人旅をしていたときのことだった。人のまばらな列車に揺られていると、途中の駅で小学三年ぐらいの男の子が二人乗り込んできた。そして私の向かい側に座ると、大声でしゃべりながら菓子を出して食べ始めた。包み紙や菓子のかけらを平気で床に落としながら。

そんな様子をイライラしながら見ていたが、とうとう我慢できなくなり、私は「今落としたごみ、全部拾いなさい！」と思いきりどなりつけた。すると二人は飛び上がって、ものすごい早さでごみを集め、逃げるように別の車両に移っていった。

公の場で他人をしかったのはそれが初めてのことだった。何事もなかったかのようにきれいになった座席と床をほっとして見回すと急に心臓がドキドキし始めた。正しいことをするのにはなんて勇気がいるのだろう。（主婦）』

この女性は、ごみを列車の中に捨てている小学生二人に注意したのだから、善い行いをした。しかしまだ充分練習を積んでいなかったらしく、「思いきりどなりつけた」という。子供に対してならそれもできるが、見知らぬ大人に対しては中々難しい。つまり「どなりつける」というのは、良いやり方ではないということを知り、やさしい、しかし温かみのある態度やコトバで注意するのでないと、失敗するだろう。コトバの使い方の訓練が必要である所以だ。

玉つきのこと

さて平成十三年三月十七日の総本山の団体参拝練成会で、山口市平井に住んでおられる石村須賀子《すがこ》さん（昭和十九年一月生まれ）が、次のような体験を話して下さった。彼女のご主人は重之《しげゆき》さんといい、長男は浩一さん、その下に次男さんの四人家族である。

須賀子さんは昭和五十八年ごろ「生長の家」に入信され、家庭内はとても仲がよく、ご主人を「世界一」の夫だとおっしゃっていた。だからすでに家族の三人は生長の家の練成会に参加しておられ、ただ長男の浩一さんだけは参加していなかった。この浩一さんも幼い時から素直で、明るく、活動的な子供で、スクスクと育った。やがて学校も順潮に卒業して、まじめに会社勤めをした。ところがある時期になって、会社から帰ると、ソワソワとして落着かず、何だか知らない〝長い棒〟を持って、夜な夜な外へ出かけるようになった。ご主人は、

「あいつまた、何を始めたんかのう」

と心配しておられたが、須賀子さんも同じ心境だったろう。〝長い棒〟というのがクセモノだ。するとある日、浩一さんは神妙な顔をして、こう言うのだった。

「おかあさん、僕はやりたいことがある。これをやらないと、死んでも死に切れない」

「何をやりたいの？」

と聞くと、

「プロのビリヤードの選手になりたい」

というのである。ビリヤード（billiards）というのは撞球《どうきゅう》（たまつき）のことで、四つか三つか、その他多くの球か、それをキューで突いて、相手と勝負するゲームのことだ。このプロ選手となると、それで生活をするから、必ずしも生活が安定するとは限らない。ハスラーとも呼ばれて、「やり手」の意味もある。私も学生時代にやってみたことがあった。勿論《もちろん》プロどころかアマのごく初歩で、それも四つ球を突いて、あまり勝ったことはなかった。しかし練習を積んだ人は、実に美事なクッションの使い方ができるので、昔ヨーロッパの紳士なんかがさかんにやったらしい。球ももとは象牙《ぞうげ》で作られていたが、やがて代用品に替わってしまった。

しかしとにかく自分の息子が、安定した職業を捨てて、海外に行って不安定なプロ選手になろうというのだから、親としてはそれにどう答えたらよいか迷った。しかもまずアメリカに渡って、テストを受けなければならない。だから「会社をやめる」という。それに対して須賀子さんはこう答えた。

「浩ちゃん、あなたの人生だから、思う存分やってごらん！」

これはとても勇気のいる回答だ。普通の母親には中々出て来ないコトバだろう。愛する者を放つということは、「四無量心」の中でも捨徳といって、愛の中の最高のものとされている。何故なら、愛するとは、執着して手許《てもと》に引きとめておくことではなく、本当は〝放ち去る〟愛のことだからだ。名誉や財産などについても同じである。しかも彼女はこう言った。

「おかあさんは応援する、あなたなら絶対できるから。おかあさんの尊敬する谷口先生は、〝兄弟よ、夢を描け、蜃気楼《しんきろう》よりも大いなる夢を……〟と」

見ると息子さんは、嬉《うれ》しそうな顔をしている。そこで「シマッタな」と思ったが、その時から彼女はこう祈ったのである。

「神さま、石村浩一・神の子の天分に叶《かな》います、多くの方たちに役に立つすばらしい道を、お導き下さい」

　こう毎日祈っていた。

祈りの中で

　そのうち浩一さんはキッパリと会社をやめてしまった。そして午前中は職業訓練学校に通い、少々の失業保険がもらえるようになると、それを持って夜はまたソワソワと、〝長い棒〟つまりキューをもって、どこかへ出掛けていった。それからしばらくすると、いよいよ「アメリカに行きたい」と言い出した。そこで須賀子さんが、

「アメリカへでも、どこへでも、行ってらっしゃい」

と、又も勇気ある発言をした。しかしその後息子さんはアメリカ行きの、アの字の話もしない。そこである日、

「浩ちゃん、アメリカはどうなった？」

ときいた。すると、

「おかあさん、あれは趣味にしたよ」

という。あれとはビリヤードのことだ。そして、

「今は、仕事をしたくてウズウズしているから、職業訓練学校を卒業すると、一直線に〝職安《しょくあん》〟に行く」

というのだ。目的が少し変わったらしい。そこで須賀子さんは、ここがチャンスだと思い、

「浩ちゃん、あなた練成に行ったら？」

と言った。勿論《もちろん》ビリヤードの練成ではなく、生長の家の練成会のことだ。すると、

「そうだな、少しは精神修養でもするか」

と答えて、スンナリと承知した。これも祈りと〝放つ愛〟の結果が出てきたということに違いない。そこで須賀子さんは嬉しくてたまらず、指折り数えているうち、「普及誌」の中に宇治の練成道場で、短期の写経、能力開発の十日間の練成会が組まれていたので、それを彼にすすめた。すると二、三日前になって、又こう言い出した。

「かあさん、練成へ行けなくなったから……」

「何で？」

ときくと、

「もう就職が決まってしまった。一発で決まったよ」

という。そこで彼女はこう言った。

「あなた、男が一旦約束しておいて、それを破るとは何事ね？　今からすぐ行きましょう」

「どこへ行くの？」

「勿論、会社の社長さんの所へ行くのです。事情を話しに行きましょう」

これもまた勇気のある発言だ。何でも、「ああ、よしよし」といった放任態度ではない。

そこでしぶしぶの息子さんと一緒に、生長の家の「普及誌」を持ち、さらに菓子箱をもって、須賀子さんは就職の決まったという会社に出掛けた。そして社長さんに、

「この息子は生長の家の練成会に行って、修行して、会社のお役に立ちたいと言いますので、おゆるし下さい」

と話をした。すると社長さんは、

「僕は賛成だけど、実権はもう息子の専務に譲っているから、帰って相談してから、お返事します」

と言われた。

精神修養

そこで石村さん親子も自宅に帰ったが、帰りの車の中で、

「おかあさん、断られたら、どうしようか」

ときく。

「浩ちゃん、あなたは遊んで就職を延ばしてもらうんじゃなく、精神修養をして、会社のお役に立ちたいという殊勝《しゅしょう》な気持でいるんだから、それを断るような心の狭い社長の会社なら、勤めなくてよろしい！」

と言った。さらに、

「あなたは本当にすばらしいんだから。あなたは人の三倍ぐらい動くんだから、あなたを採用した会社は、もうけものよ！」

と言ったのである。この称賛の言葉が又とてもすばらしい。すると、

「おかあさん、いいことを言う。そうだ、俺《おれ》は神だ！」

とか言いだし、練成会に行ってくれた。さて練成会から帰ってくると、先《ま》ず第一番に合掌して、

「おかあさん、ありがとう。本当にいい勉強させてもらった。生れて初めて練成に行ったた

けど、全然抵抗がなかったよ」

といぅ。そして、

「これはおかあさんが、長いこと生長の家をやっていてくれたからだと思う。練成には、いろんな人が来ているね。その練成員の方々と仲よくなり、夜おそくまで話し込んで、本当によい勉強をした」

そして又感想文でこう書いたそうだ。

「ぼくは、本当に運のいい男だ。最高に運がいい」

その一言だけを書いたという。これも須賀子さんの祈りと讃嘆と勇気ある発言のコンパクトな結果であるに違いない。

さらにご主人の重之さんは六十歳になられたが、五十五歳のとき停年となり、五年間の嘱託期間を経て、平成十三年三月に退職予定だったが、中学生の次男さんもいることだから、次の仕事を探そうかと思っていると、さらに二年間の嘱託延長が出来る人もいると知らされた。そこでご主人が午後八時半からの「神想観」の時間に、「僕の仕事のことも祈ってくれ」と言われるので、祈っていた。ご主人の会社はこの春、大手の同系列の会社と合併し、沢山の退職者が出たが、二年間の嘱託延長者は全国から九名選ばれた。その中の一人になることができたということであった。

このように正しい信仰生活を続け、さらにそれを伝えるということは、真に勇気のある人々のたゆみない修行や訓練のおかげだということができるのであって、誰にどう助言するかのタイミングやその言葉も、「神想観」の中から浮かび上がってくるものであることを知ることが極めて大切である。

放ち去る心

人生学校

この人生においては、成功もあれば、失敗もある。どうしてかというと、人はこの世に学ぶために生れてくるからである。つまり人が「人生学校」に入って、色いろのことを勉強するようなものだ。すると誰でも小学生になって、いつも百点が取れるものではない。時には計算間違いもするだろうし、時には文字を忘れて、国語の点が悪かったということもある。

私たちが小学校に入学したころは、まず片カナから習って、次に平がなを習ったが、近ごろは順序が逆になったようだ。さらに漢字を習いはじめると、中なか一ぺんでは憶えられなくて、一画多かったり少なかったりする。しかしそうして練習して、やがて立派な文字が書けるようになるものである。

だからいつも百点ばかり取らないといって、悲観する必要はない。失敗したことから、学び取ることがいくらでもあるからだ。昔から「失敗は成功の母」とも言われた。『易経』というシナの古典に、

人道悪盈而好謙
（人道は盈《えい》を悪《にく》みて謙《けん》を好む）

という言葉がある。『易経』は五経の中の一つで、陰陽（一と十）の二大原理から天文・地理・人事・物象などの原理を教えているから、立派な内容の本だと言えるだろう。人の道は盈（百点主義）ではなくて、謙（欠けているところ）も大切だという教えである。いつも満月ばかりを求めていると、月が欠けるとガッカリして、悲観的な人生を送るだろう。それでは「陰陽の法則」に合っていないというのである。

といっても、失敗や五十点ばかりがよいのでもない。できたら百点がよいと思うから、人は学ぼうと努める。そして色いろのことを勉強し、成長するのである。つまり本来の人間の「神性《しんせい》・仏性《ぶつしょう》」を現し出す方向に進むのだ。例えば平成十四年二月九日の『読売新聞』に、中島豪《つよし》さん（77歳）という人についてこんな記事がのっていた。中島さんは陸上

自衛隊を退職してから、日本一周の〝徒歩の旅〟を始めたというのである。

日本を一周する

『海沿いの曲がりくねった道、ビル街、険しい山道。一万三千四十キロを三百日で歩き通した。一日四十キロ以上の強行軍で、歩数計で距離を測った。

「年表と歴史地図をいつも手元においていた。遺跡、遺物に触れながら、歴史を実感する旅になりました」。青森県・竜飛崎では、幕末の思想家吉田松陰の記念碑と対面。幕末の志士の熱い思いを想像した。

荷物は非常食、衣類など重さ約二十キロ。野宿が八十四日間。「一日四回食べ、夜に五合の焼酎か日本酒を飲むのが楽しみだった。それで疲れも吹っ飛んだ」

つらかったのは、オホーツク海沿いを歩いた三日間。連日雨に見舞われた。「七月なのに寒さでがたがた震えました」』

一日四十キロメートル以上を歩くということは、大変な強行軍で、しかもこれを三百日も歩き通したというから、いくら陸上自衛隊で鍛えたといっても、実に大した行軍であった。ところが、これをやり出した〝動機〟というのが、次にこう書かれている。

《一九七七年に腰の骨を折り、リハビリテーションで歩くことを始めた。やがて「日本を歩き尽くしたい」との思いが強くなった。

昨年一月、福岡市役所前を出発。四国から本州太平洋側を北上、北海道を回って本州日本海側を南下し、地元九州へ。約一年間の長い旅だった。

毎日、散歩で約四キロを歩く妻慶子さん(74)も、「さすがにあなたには付き合いきれないわ」とあきれたそうだ。

ギネス記録は、豪州の男性の三百三十一日間で一万二千キロ。記録更新として、三月末にもギネスブックに申請する。「若い人が『じいさんにもできたことなら』と、私を乗り越えてくれることが望みです」(西部本社社会部　帆足　英夫)》

腰の骨を折るという大怪我をした。そのリハビリテーションで、歩く練習をやり始め、それが「日本を歩きつくしたい」という願望にまで成長したのだ。年をとると、骨を折ると治りにくいと言われるが、その失敗がやがて日本中を三百日も歩き通し、二十キロの荷物を背負い、八十四日間も野宿をしたというから、感嘆する外はないと言えるだろう。

しかしこのような身心の成長を達成するために、「盈《えい》」が不可で、「謙《けん》」のみが可ということはない。月が欠けて見えるのは、そう見えているだけで、本当の月は常に満月である。それが一時的に三日月に見えたり、半月に見えたりする。だから「盈」が本来の月で、「謙」は仮相である。もし失敗や蹉跌《さてつ》がないと成長や完成がありえないということになると、この世にはどうしても失敗や病気が〝必要〟ということになるだろう。

だから、本来の実在界の「完全円満」さを、常に心に描いていなくてはならない。肉眼や五感六感に引っかかって、その仮相を実相と思い違えてはならないのである。中島さんの例で言えば、彼にとっての骨折は、必要不可欠の条件ではなかった。もっと別の人生コースを歩んでも、別種類の理想が実現できたはずである。つまり「盈」も「謙」も、そこに引っかかるなということだ。「人道」と言っても、それは必ずしも「天道」（神の御心《みこころ》）を指している言葉ではないからである。

顔の上の車

平成十四年一月十九日に、福岡県太宰府市にある「生長の家ゆには練成道場」*で行われた特別練成会で、大牟田市宝坂町《たからざかまち》に住む山口シノさん（明治四十三年三月生まれ）は、次のような体験を話して下さった。シノさんは平成十四年九十一歳のご高齢だが、四十五歳の時夫に死別された。その後も娘さんを大学に通わせ、その娘さんはやがて卒業して中学校の先生になった。

その後彼女（娘）に婿さんを世話して下さった方があり、その人もこの婿さんも「生長の家」を信仰しておられたので、シノさんも昭和四十年から入信し、幸せに暮らしたのである。やがて孫が三人生れたが、女の子ばかりだった。娘さん夫婦が勤めに出ているから、シノさんがこの孫を育てることになった。そのうち、「白鳩会の支部長をしなさい」と言われ、「ありがとうございます」と言って引きうけた。

しかし三人の孫を育てているから、孫たちを連れて道場に通ったりして、色々と手伝った。シノさんがこうして一所懸命、できるだけの愛行をしておられると、孫娘さんも次第に成長し、やがて曾孫《ひまご》も生れはじめた。平成十三年に一人生れたが、下の孫娘の子供が中なか生れない。

そこでシノさんは、平成十三年に行われた講習会の受講券を早めに買ってきて、道場で〝神癒祈願〟を行ってもらった。するとその年の正月には、

「ばあちゃん、楽しんで、永生きせないよ。曾孫《ひまご》を抱かせるからね」

という年賀状が来た。さらに平成十三年の二月に、シノさんは郵便局に用事があって歩いて行った。途中の信号が赤だったので、青になるまで待っていた。すると後ろからスル

スルと自動車がやって来て、シノさんを下敷きにした。気がつくと彼女の顔の上に自動車があった。驚いて、

「何てことだろう。横断歩道を歩いて渡ったと思ったのに……」

と考えているうちに、近所の人がどんどん集ってきた。車に乗っていた二人が、シノさんを引き出してくれた。二人は青ざめていて、ガタガタ震えている。シノさんは彼らが可哀そうになったので、

「あなたたち、早くおうちへ帰りなさい。私は何ともない。どこにも傷がない。元気ですから、帰りなさい」

といった。すると、

「そういう訳にはいきません。警察も、消防署も呼ばなけりゃならん……」

という。そのうち救急車がやってきた。シノさんは救急車に乗せられて行った。近所の人は手を振って見送ってくれた。シノさんも救急車の中から、「さよなら」と言って手を振って別れのあいさつをした。やがて病院（永田整形外科病院）に着くと、いろいろ調べてくれて、

「骨は折れていないが、ずれているよ」

という。しかし何ともないなら一応帰りなさいというので、シノさんはその晩に帰宅した。これは〝事故〟という好ましくない事件に巻き込まれた人が、幸いにも軽くてすんだという実例である。

天地不仁

その夜シノさんはグッスリと眠り、翌朝起きてみると、左足が青ざめて腫《は》れ上がっている。そこでもう一度病院に行こうと思い、娘さんに連れられて病院に行った。このように腫れたり痛んだりするのは、事故の後しばらくたってからのことであることがある。腫れも痛みも、〝自然療能力〟の現れであるから、しばらくしてから働き始める部分もあるからだ。

病院に行くと、「入院しなさい」ということになったので、入院した。すると同室の人は皆深切《しんせつ》でいい人ばかりだ。「環境は心の影」であるから、本人の心にふさわしい人や場所に、自然に導かれて行く。シノさんは別にどこも痛くないから、部屋中を歩き回って、「生長の家」の「神の子・人間」の話をして回った。すると皆が喜んでくれた。これも九十歳の老人の、今までの愛行の結果が、自然に実ってくるからである。そして年寄りの患者さ

んは、

「バアちゃん、有難う。私はもう死ぬまで、あなたのことは忘れんよ」

と言ってくれるのだ。これは前に述べた中島さんのように、ギネス・ブックに載るような快挙とは言えないが、やはり歳や能力にふさわしい立派な成果であったと言えるだろう。第一彼女は自分の怪我や失敗に引っかかっていない。善悪を超えている所がすばらしい。今やるべきことに徹していると言ってもよいだろう。本当の「善」とは、「不思善《ふしぜん》・不思悪《ふしあく》」と言って、人々のあげつらう善や悪を超えているのである。老子の言葉に、

『天地不仁、以萬物為芻狗。聖人不仁、以百姓為芻狗。』

(天地、仁《じん》ならず、萬物を以て芻狗《すうく》と為《な》す。聖人、仁《じん》ならず、百姓《ひゃくせい》を以て芻狗《すうく》と為す)

というのがある。仁とは愛のことだ。ところが老子は「天地不仁」と言う。甘い愛ばかりではダメだ。斬《き》るべきものは斬り、放つべきものは放つのである。いつまでも子供に執着していてはいけないし、子供も親離れの出来ないような者はロクデナシになる外はないという教えである。天地は仁ならず、万物を芻狗のように捨てるというのである。芻狗とは藁で作った犬の形をしたもので、お祭りの時神前のかざりにしたものだ。用がすめば、捨て去られる。丁度広葉樹の葉が、冬が来ればみな散ってしまうようにである。

近ごろは、その落葉をポリ袋に入れて、どこかへ捨ててもらったりするが、そんなムダをしないで、そのままにしておくと、やがてそれが腐って肥料になり、さらに樹や虫を養い育ててくれるのである。一面に落葉が散り敷いているのは、美しいものだ。「不仁」を知らないで、キタナイと思い込んでいるだけである。〝執愛〟をもって〝聖なる愛〟と思い違いをしてはならない。「捨徳《しやとく》」が「不仁」の「神の愛」、仏の「四無量心」だということを、「人生学校」では教えてくれるのである。

運命を支配するには

さらに又同年同月同日に「生長の家ゆには練成道場」で、嶋田恵水《えみ》さん（昭和四十八年五月生まれ）という女性が、こんな話をして下さった。えみさんは福岡市早良《さわら》区田隈《たぐま》という所に住んでいて、平成十一年に入信されたそうだ。

嶋田さんの家は美容室を営んでおられ、えみさんはその手伝いをしている。平成十一年五月のことだ。彼女は近くの郵便局で、一冊の『光の泉』誌を手にした。その中には「運命を支配するもの」と書かれていたが、当時悩みを抱いていた彼女は、すい寄せられるように、『光の泉』誌を家に持ち帰った。

中を読むと、いたる所に「感謝する」ことの大切さが書いてあった。読んでいるうちに、何か心が温かくなり、涙がこみ上げて来た。当時えみさんには「この人と結婚したい」と強く思う人がいたのである。相思相愛なら何の問題もなかったかも知れない。しかしこの恋愛感情は彼女の一方的な思いこみで、〝不毛な恋〟と言われるものだった。

が彼女は「この人しかいない」と強く思い込んでいたので、何とかしてこの想いが成就できないものかと、ありとあらゆる〝神だのみ〟をした。千羽鶴を折ったり、大好きな甘いお菓子を断って神社に願かけをしたり、仏壇に手を合わせて、御先祖さまにお願いしたりした。つまり筋金入りの〝ご利益信仰〟だったと言えるだろう。

けれどもこのような信仰は本物とは言えない。自分の我《が》の願いを主体として、それを色いろな神や仏にたのんで、成就しようと言うのだから、「神を信じている」というよりは「我《が》の願いを信じている」のである。これでは自分も苦しいに違いない。流行歌の中の句にはなるが、本当の「生長の家」の信仰とは違っている。「苦しい」のは、どこかが間違っているという、心の内なる警鐘であると言えるからだ。

えみさんは「運命を支配するもの」というコトバに強く引きつけられた。そこでもし運命を変えることができるのならば、是非その方法を知りたいと思った。そこで早速「ゆには練成道場」に行き、短期練成会に参加した。その時はまだ入信する気持などは全くなかった。〝運命を変える方法〟が知りたくて、その方法の「いいとこ取り」をして帰ってこようと思っていたのである。

しかし練成会は思いの外楽しく、参加している方々も、指導して下さる講師の先生も、温かく彼女を包んで下さるように思えた。しかも彼女が参加者の中で一番若かったので、

「若いのに、偉いわね！」

と皆さんにチヤホヤされ、とてもいい気分だったという。あまり居心地がよいので、ずっとここに住みたいな、と思ったくらい、悩みのことも忘れていた。こうして練成会の最後の日に、彼女は木戸講師に個人指導をしてもらった。彼女は言いたくない所以外は全て話した。そしてある男性を愛しているが、自分だけの気持であることや、おつき合いもしていない相手であることなどなどは、見《み》えもあって言えなかったのである。そんなことを言えば、

「望みがないから、やめなさい」

と言われるような気がしたので、全てを正直に話すことができなかった。

放つ心になる

しかし木戸講師は、そんな彼女の心中を見すかすように、じっと彼女を見詰めて、こう言われた。

「あなたの心はね、愛ではなくて、我執です」と。

「あなたは相手を心でしっかり掴《つか》んでいるが、離しておあげなさい。心で掴むと、相手の魂が苦しむんですよ。あなたは青年会に入って、愛を学びなさい。そしてあとのお取りはからいは、神様にゆだねなさい……」

というような内容であった。そのコトバは、彼女の耳に「あきらめなさい」と言われているように響き、恐くなって逃げるように帰って来たのである。

ところが数日後、青年会の谷口委員長と地許《じもと》の青年会員が彼女の家庭を訪問し、それからはえみさんも地許の「花のつどい」*や「誌友会」に参加するようになった。そのころはまだ、「この青年会の活動をやっておれば、神さまが私の願いを叶えて下さるかも知れない」――というような気持でいたのである。

しかしこうしてともかく青年会の活動をやり始めたのは、よりよい方向であった。ある執着にとらわれている人には、それ以外の愛行や感謝行に心を振り向けることが救いになる。一点集中の心の視野が広がるからだ。そして人間のいのちが永遠不滅であること。正しい愛を学ぶために幾度となく、人は地上に生を受けること。播かぬ種子は生えぬ原則。物事には偶然はなく、全てが必然であること。〝与える愛〟のすばらしさなどの教えが、彼女の心を豊かにしてくれたのである。

慈・悲・喜・捨

とりわけえみさんは〝両親の愛〟に気付くことができて幸いだった。彼女の母は、

「えみさんは、あの人のどこを見て、そんなにいいと言っているのか分からないけど、あなたがそんなに好きな相手ならば、親として添わせてあげたい。一生の問題だし、自分でよく考えて、一番いいようにしなさい」

と言って下さった。彼女の母は昔から、えみさんがしたいということは何でも、快くゆるしてくれ、あとは黙って見守っていてくれた。そんな母も、〝彼があやふやだ〟といって荒れ狂っているえみさんを見て、

「もう、あの人は、やめなさい」

と忠告するようになったのである。白鳩会の酒井講師にも個人指導してもらった。する

と、「その人は、あなたの魂の半身ではないように思うから、あきらめた方がよいのではないか」と助言された。一番耳に痛かったのは、

「神様と私達との関係は、商売関係ではない。だから、〝これだけのことをしたから、どうか祈りを叶えて下さい〟というのは間違っています」

と言われたことだ。結局最後には彼と会って、心をきめることにした。そこでえみさんは彼に手紙を出し、面会することにした。彼の家の近くまで行って、電話をかけた。すると、女の人が電話口に出た。彼の姓を名乗って出たので、すごくショックを受け、そのまま電話を切った。そして脚を引きずるようにして家に帰った。このまま、彼と会えずに、終るのだろうか……と思いながら。

そんなある日、えみさんは顔の右側に違和感を憶えるようになった。心の悩みが、身体に現れたのだ。笑うと、引きつるようになった。えみさんは彼のことで、三つの神社に願《がん》を掛けていた。その願をときに行くことを考え、夫々《それぞれ》の神社に行って、神前で祈り、心の縛りを放った。このようにして、「心の法則」は、私達に大切なことを教えてくれるのである。人も教えるが、事件も、病気も、教えてくれる。しかし「何を教えられたか」を知ることがとても大切である。こうしてえみさんの顔の引きつりは治っていった。

三つ目の神社に行って参拝してから四日目のことだ。彼からえみさんに連絡があり、「これからそちらに行く」というのだ。二年ぶりの対面だ。その彼が言うには、「最近就職したから、あなたの美容室に、会社のチラシ（宣伝用）を置かしてほしい」と。そして結婚もしていると言った。で彼女は彼の要求を断った。名刺をもらったが、それもその場で返却した。二、三日泣きあかしたが、「彼は私の半身の魂ではなかった」と、やっと認めることができたのである。最後にえみさんは、練成道場でこう話してくれた。

『私は今、心から彼に感謝しています。彼は私に、有形無形の多くのものを与えて下さいました。彼は私を、このすばらしいみ教えに導いて下さるために現れた〝観世音菩薩さま〟だったように思います。〝放つ愛〟のすばらしさを学びました。本当に人を愛した時に、その人の幸福を祈らずにおれないものだということを知りました。私はこれから若い人たちに、このみ教えの、この放つ愛のすばらしさをお伝えしてゆきたいと思います……』

執着の愛から、放つ愛、四無量心《しむりょうしん》の〝捨《しゃ》〟を行ずることの大切さを学習するには、かなりの努力と時間が必要だと言えるであろう。最後に「無相円相一切相の神示」には、こう記されているのである。（谷口雅春著作集第八巻『無限供給の扉を開く』*七五頁から引用）

『吾《わ》が臨《きた》れるは物のためではない、生命《せいめい》のためである。肉のためではない、靈のためである。これを覚《さと》るものは少い。物の生滅《しょうめつ》に心を捉えられ、物が殖《ふ》えたときに信仰を高め、物が減ったときに信仰を失い、身體が健康になったときに神を讃え、家族の誰《たれ》かに病気が起ったと言っては信仰を失うが如きは、神を信じているのではなく物を信じているのである。物は結局移り変るものであるから、物の御利益の上に建てられた信仰は、物の移り変りによって壊れるのである。(昭和七年四月十日の神示より)』


*生長の家ゆには練成道場=福岡県太宰府市都府楼南五―一―一にある生長の家の練成道場。毎月各種の練成会が開催されている。

*花のつどい=生長の家の未婚女性を対象とした集い。全国各地で開催されている。

*『無限供給の扉を開く』=谷口雅春著。健康・職業・繁栄にわたる運命改善の鍵を誰にも分かるように書かれている。(日本教文社刊)

三、魂の向上のために

命《いのち》はいかに大切か

子猫のいのち

人の心の中には、やさしさや思いやりが一杯つまっている。それは単に他人に対してばかりではなく、他の動物や植物に対しても、同じことが言えるのである。例えば平成十三年四月三十日の『読売新聞』には、次のような記事がのっていた。

『東京都品川区のカラオケボックスで二十九日、壁のすき間に落ちて出られなくなった子猫が、約三時間がかりで消防署員に救出された。野良猫の子供と見られるが、騒ぎを知った主婦に引き取られ、署員も「人命救助の訓練が役立った」と喜んでいる。

カラオケボックスで、女子トイレに入った客が「猫の鳴き声が間近に聞こえる」と店員に言うようになったのは二十七日ごろから。しかし猫の姿はなく、二十九日になって店長の柏崎宏己さん（58）が屋根裏から調べたところ、二重張りの壁の約五センチのすき間に子猫がいるのが見つかり、119番通報した。

午後一時半、荏原消防署員十一人がポンプ車で到着。電動やすりなどでタイル張りのトイレの壁に穴を開け、内視鏡や聴診器で様子をさぐりながら慎重に作業し、約三時間後、体長約十五センチの黒い子猫を取り出した。生後、数週間ぐらい。作業の間中、親と見られる野良猫が心配そうに周辺をうろついていたが、子猫に異状はなく、カラオケ客も部屋を出て拍手を送った。

子猫は、偶然、店の前を通りかかった近くの主婦川野愛子さん（52）宅に引き取られた。すぐに慣れ、牛乳を飲んでひざの上で寝入ったという。「せっかく助かっても飼い主がいなければかわいそうと思って」と川野さん。柏崎さんも「ほうっておいたら死んじゃうし。壁は自分で直します」と話していた。』

十一人の消防署員と多くの人々の愛情によって、一匹の子猫の命が救われたというから、それにかかった費用にくらべると、一匹の子猫のいのちの価値はどうか。そんな計算を越えて、人々の愛の行為は、何だかとても輝いて見える。何故《なぜ》なら「愛」は金銭的計算を越えているからだ。

クマとタケノコ

ところが平成十三年五月十日の多くの新聞には、京都の嵐山にツキノワグマが出て来たという記事と写真がのせられていた。その中で『毎日新聞』の記事は次のようである。

『9日午前11時ごろ、京都市右京区の嵐山公園で、クマを見たと観光客から110番通報があった。太秦署員らが午後1時半ごろ、天龍寺北門近くでクマを発見。麻酔銃で眠らせて山に返そうとしたが、襲ってきたため、同3時前、地元猟友会のメンバーが射殺した。クマは、体長約1・1メートル、3〜4歳の雄。嵐山にクマが出るのは珍しく、猟友会は「観光客の残飯に味をしめ、居着いたのでは」と話している。【平野圭祐】』

これは最初クマがタケノコを掘って食べていたので、その光景もテレビで放映されたが、熊を取り囲んだ猟友会の人達は、先《ま》ず「麻酔銃」で眠らそうとしてみる猶予はなかったのだろうか。そうすれば、少なくともクマの命は助けられたであろう。それ故、五月十五日の『産経新聞』にも、奈良県橿原市の広瀬行夫さん（62）が、次のような投書をしておられた。

『京都の嵐山で五月九日に出没して騒ぎとなった野生のツキノワグマが射殺された。

「射殺はやむを得ない」とのコメントもあったが、殺すことをやむを得ないとするのは人間の身勝手・エゴというものである。それは、嵐山という観光地であっても、例外ではない。

そもそもツキノワグマは、どんぐりや果実、カニ、魚などを食用にする木登りの上手な動物である。エサがなくなるころには、岩穴か土中に冬ごもりする、愛すべき自然界の一員なのである。

捕獲も考えたというのなら、なぜそうしなかったのか、残念でならない。自然を破壊して、動物の生息地域を脅かしているのは、まさしく人間なのである。時間をかけても、あらゆる手を使って捕獲し、山へ帰してやることが、人間の動物に対する愛情である。人間に危害が及ぶことを考えるのは当然であるが、そうなることへの過程を考えるべきではないか。猟友会にしても、このような残酷な場面で活動することは本望ではないと考える。』

この広瀬さんと同意見が、NHKの朝のラジオでも放送されていた。つまり人々の心の中には、他の動物や植物に対する〝愛〟があるのだから、それを発掘し、さらにその愛を広げて、地球全体の生物保護を考えることが、今後の地球の「温暖化防止」のためにも必要なことだろう。

人々はその運命を、自分の行動によって作り上げる「因縁果《いんねんか》」の法則の中にある。近ごろ熊や猪《いのしし》がしばしば人里に現れるようになったのも、永い間人間が山林や森を伐《き》り倒し、焼き進んで行った結果、エサをさがして田畑にまで現れるようになり、人畜に被害を及ぼしはじめたのだ。ただ「殺してしまえ」ではやがて人々はその「殺害の因縁」によって、「殺される」という法則の「結果」を刈り取ることになるだけである。

勝海舟の話

現象界は全てこのような「因果律」の中に置かれている。しかし神の創造された「本当の世界」即《すなわ》ち「実在界」には、いかなる悪因もなく悪果もない。だからといって、現象界は何をしても平気だと、殺人や傷害や、ヌスミやインチキをやっていると、いつしかその「因」にふさわしい「果」を刈り取るのである。しかも長年月をかけて刈り取る。この世の一生が終っても、さらに来世《らいせ》（次生《じしょう》）においても、さらにその次なる後生《ごしょう》においても、いつかは刈り取ることになるのである。

そこで人はその運命を〝自らの行為〟（三業《さんごう》）で作り出すといわれるのであって、小さな善行でも多く積み重ねて行くと、大いなる善果となって現れ、不思議な好運にめぐまれることになるものだ。時には危難を次々にまぬかれるという特異な現象も起ってくる。

例えば勝海舟などは、実に数多くの危難をまぬかれて、西郷隆盛との会談で江戸城の引渡しに導いた維新の功労者であった。海舟は文政六年一月三十日（一八二三年）に生まれ、明治三十二年一月十九日（一八九九年）に昇天された幕末と明治にかけての幕臣であり、政治家でもあり、晩年には伯爵となった方である。生まれは江戸本所の、直参《じきさん》小吉の長男で、義邦と言い、のちに安房守《あわのかみ》となり、通称を麟太郎と称した。

晩年に海舟のところへ出入りしていた吉本襄が、海舟から聞いた話や、新聞・雑誌に発表された海舟の談話などを加えて、明治三十年に『氷川《ひかわ》清話』を発表した。続いて翌年続編を出し、さらに続々編まで出したが、海舟の没後これらを合本とし、内容も分類し直した。

しかしこの本の内容は必ずしも正確ではなかったし、意図的に変えられた所や抜けた所もあったらしい。これらをなるべく補修した『氷川清話』が江藤淳・松浦玲氏の編として「講談社学術文庫」に収められ、平成十二年十二月十日に発行された。この原本は昭和四十八年発行の「勝海舟全集刊行会」代表・江藤淳（講談社刊）の『勝海舟全集』第二十一巻である。(「文庫本」では説明や注が簡略化されているが、海舟の言葉はほとんど同じだから、この文章の引用句は文庫本からのものにした)

さてこの『氷川清話』の中で、海舟は次のように話している。

『おれは今日までに、都合《つごう》二十回ほど敵の襲撃に遭《あ》つたが、現に足に一ヶ所、頭に一ヶ所、脇腹に一ヶ所の疵《きず》が残つて居るヨ。

安政二年におれが初めて海軍へ出てから維新の頃までに、ずいぶんいろ〳〵の危難に遭遇して、これがためにおれの胆《きも》も坐つたのだ。』(三十—三十一頁)

『氷川清話』という名称は、海舟が晩年現在の氷川小学校のすぐ北側に住んでいたから、そこで聞いた思い出話が主体となっているためである。幼少の頃の彼は、非常に貧乏だった。結婚した後も貧乏生活が続き、

『一両二分出して日蔭町で買つた一筋の帯を、三年の間、妻に締《し》めさせたこともあつたよ。この頃は、おれは寒中でも稽古着と袴《はかま》ばかりで、寒いなどとは決して言はなかつたよ。米もむろん小買ひさ。それに親は、隠居して腰ぬけであつたから、実に困難したが、三十歳頃から少しは楽になつたよ。

かつて親父が、水野のために罰せられて、同役のものへ御預けになつた時には、おれの

家を僅《わず》か四両二分に売払つたよ。それでも道具屋は、殿様ダカラこれだけに買ふのだなどと、恩がましく言つたが、ずいぶんひどいではないか。その同役の家といふのは、たつた二間だつたが、その狭い所で同居したこともあつたよ。

その後立身《りつしん》して千石になつた時にはよかつたが、それが間もなく御免になつた時などは、妻が非常に困つたよ。元来おれの家には、その頃から諸方の浪人が沢山食客《たくさんいそうろう》に居たのだからのー。それゆゑ妻は、始終人に向つて、「宿《やど》では今度は長く務めて居ますやうに」などと言つて居たよ。』(二十五―二十六頁)

よい修業をした

その後海舟は長崎にできた「海軍伝習所」に入ったが、安政四年にゴットル船に乗って遠洋航海をやろうと思い立ち、悪天候を物ともせず七、八名と水兵六名を連れて出掛けたのである。

《五島あたりまでは何の事もなく進航した。すると西南の方から忽《たちま》ち暴風が黒雲と共に吹き起つて、帆も何もすつぱりきかなくなつて来た。さあ大変だといふもので、これを防ぐ方法を講ずるのだけれど、水兵どもは狼狽《ろうばい》して、ちつとも指図通りに働いてくれない。ともかくも肥前《ひぜん》の海岸へ寄らうと思つて、惣掛《そうがか》りであせるのだけれど、風はます〳〵荒れるし、術はまだ拙《つたな》いと来て居るから、瞬間のまに沖の方へ吹き流されてしまふ。おれは早く錨《いかり》を下せと命令したが、海が深くて三十尋《ひろ》の錨縄では底へ届かないといふ。かれこれするうちにたうとう暗礁へ乗り上げて、舵《かじ》は毀《こわ》れるし、船には孔《あな》があいて潮水がどん〳〵はいりこむ。おれはそこで、もう駄目だと思つて、大声でもつて、『自分が愚かで教師の命令を用ゐなかつたために、諸君にまでこんな難儀をさせる。実に面目《めんぼく》もない次第だ、自分の死ぬるのは、まさにこの時だ』と叫んだところが、水兵どもはこの語に励まされて、再び勇気を回復して、これからは手足を動かすやうに万事おれの指図に従つてくれて、どうかかうか暗礁をも離れた。それにまた幸な事には雨風もこの時分から次第に止《や》んだので、一同全力を尽して海岸の方へ寄せ着けた。

　その夜は海上に浮びながら、ともかくも船を仮りに修繕して、翌日晴天になるのを待つて、たうとう他人の助けは少しも借らないで長崎まで帰つて来て、それから直《す》ぐに教師のところへ行つて昨日からの顚末《てんまつ》を談《はな》してその命令を用ゐなかつたことを謝したところが、教師、名前はカツテンテーキといつたが、笑ひながら「それはよい修業をした、いくら理《り》窟《くつ》は知つて居ても、実地に危い目にも遭《あ》つて見なければ船の事はわからない、危い目といつても十度が十度ながら各別なので、それに遭遇するほど航海の術は分つて来るのだ」と教へてくれた。この時におれは理窟と実際といふものは、別だといふことを、いよ〳〵明らかに悟つたよ。》（三十二—三十三頁）

殺人をいましめる

さらにその後咸臨《かんりん》丸に乗って、対馬から釜山沖へ行って、それから対馬の西北を測量していると、火縄銃で射撃されかかったが、これもやっとのことでまぬかれている。伊豆沖でも暴風雪に見まわれた。ほとんど人事不省になったが、やっと風もおさまって、下田港にたどりついたというのだ。

また万延元年に咸臨丸の艦長としてアメリカへ初航海したが、そのころ海舟は熱病を煩《わずら》い、頭痛でうんうん苦しんでいたが、向う鉢巻で艦に乗りこみ、遠洋航海をした。途中で吐血したが、『ちつとも気にかけないでおいたら、桑港《さんふらんしすこ》へ着く頃には、自然に全快してしまつた』（三十八頁）という。おまけに帰国の前に南アメリカを回って帰ろうと言ったが、日本の使節団から禁止され、ハワイを経て浦賀に着いた時、浦賀奉行の捕吏《ほり》が来て、ドカドカと艦内に踏みこんだ。

《『無礼者め、何をするのだ』と一喝したところが、捕吏がいふには、「数日前、井伊大老が桜田で殺されたについては、水戸人は厳重に取調べねばならぬ」といふから、おれも穏やかに、『亜米利加には水戸人は一人も居ないから直ぐに帰れ』と、冷やかして帰らしたヨ。しかし、おれはこの時、桜田の変があつたことを初めて知つて、これは幕府はとても駄目だと思つたサ。》(三十九頁)

さてそれから品川に上陸して、家へ帰ろうとする途中、コレラに取りつかれたという。コレラは死病だが、それでも治ってしまった。さらに文久三年には徳川家茂《いえもち》公がはじめて上洛し、海舟も船で上洛した。すると寺町通りで三人の壮士にいきなり切りつけられた。海舟が後へ避けると、岡田以蔵が一人を真っ二つに斬ったので、あとの二人は逃げたのである。

《後日おれは岡田に向つて、『君は人を殺すことを嗜《たしな》んではいけない、先日のやうな挙動は改めたがよからう』と忠告したら、「先生それでもあの時私が居なかつたら、先生の首は既に飛んでしまつて居ませう」といつたが、これにはおれも一言もなかつたよ。》(四十三頁)

このように海舟は人の命を殺すことを極力さけていたのだ。有名な西郷隆盛との江戸城の明け渡しの件も、もし戦いになるとその人命損失は計り知れなかったからである。彼はその後も度々「西郷の胆量の大きさ」を称讃しているが、その後の日清戦争についてすら不賛成を唱えている。そして戦の直前（明治二十七年四月）に、海舟はこう言っている。

『朝鮮といへば、半亡国だとか、貧弱国だとか軽蔑するけれども、おれは朝鮮も既《すで》に蘇生《そせい》の時機が来て居ると思ふのだ。およそ全く死んでしまふと、また蘇生するといふ、一国の運命に関する生理法が世の中にある。朝鮮もこれまでは、実に死に瀕《ひん》して居たのだから、これからきつと蘇生するだらうヨ。（中略）昔は、日本文明の種子は、みな朝鮮から輸入したのだからノー。（中略）（山梨県の）この橋の出来たのが、既に数百年前だといふから、数百年も前には、朝鮮人も日本人のお師匠様だつたのサ。』（二百四十八頁）

このように勝海舟は、全ての人の命の尊さを知り、寛大な心を説き且つ実践したから、彼自身の生命も数多くの危機を乗り切り、国家に貢献したのである。そして又「無我」についてもこう言っている。

『物事をするにも、無我の境に入らなければいけないヨ。悟道徹底の極みは、たゞ無我の二字にほかならずサ。いくら禅で錬り上げても、なか〳〵さうは行かないヨ。いざといふと、たいていの者が紊《みだ》れてしまふものだヨ。

切りむすぶ太刀の下こそ地獄なれ
踏みこみ行けば後は極楽

とは昔剣客のいつた事だ。歌の文句は、まづいけれども、無我の妙諦《みようたい》は、つまり、この裡《うち》に潜んで居るのだヨ。』（三百二十六頁）

この無我とは「無心」であり、「放つ心」であり、神意への全托《ぜんたく》である。そしてこのことをあらゆる人生体験が体得させてくれるものなのである。

教えられていること

理屈について

世の中には理屈というものがある。これは物体ではなくて、スジとかコトワリとかと言うような概念であり、コンセプトとも言う。しかし「無理にこじつけた論理」というような理屈もあるから、「理屈っぽい人」というと、あまり好まれない。さらに下って、「へりくつ」となると、鼻をつまんで逃げたくなるような臭気を放ち、人々にいやがられるのである。

ところが現実には、普通の理屈では分からないようなことが時々起る。例えば「特異《とくい》日《び》」という日がある。これは気象観測上、ある特定の日が統計学上〝晴れ〟が多いとか〝雨がふりやすい〟とかという現象の出る日であって、東日本では十一月三日（文化の日即ち明治節）や五月十九日は晴れの日が多いということだ。

個人的には「雨男《あめおとこ》」とか「雨女」と言われる人がいて、このような人々は、旅行に出るときっと雨が降るとか、雨天によくめぐり合う人たちである。ところが一方「心の法則」というのがあり、「親和の法則」とも言われ、通俗的には「類を以て集まる」という傾向である。即ち「牛は牛づれ、馬は馬づれ」というような現象で、人間社会ではとかく日本人は日本人同士が集り合い、インド人同士とか、アメリカ人同士の集りもよくあることだ。

これはコトバや習慣が同じだからという〝理屈〟もあるが、こんなのは「へりくつ」とは言えないだろう。信仰でも、思想でも、それを同じくする人々はお互いに集会を持ったり、党派をこしらえたりする。これもやはり「親和の法則」の具体例と言える。と同時に、心が環境に表現されるから、心の明るい人は晴れの日の外出に恵まれ、心が暗く陰気な人は「雨男」になったりするのである。

平成十三年末は全ての人々が十二月一日の、皇太子妃殿下のご安産に、心が晴れればれとしたに違いない。その心は、十二月一日前後の快晴続きによく現れていた。さらに愛子様と命名された十二月七日から、再び晴天となったのは、国民の祝福の気持を具体的に表現していたとも言えるであろう。即ち天候という〝自然現象〟にも、人々の心が感応するという「心の法則」が通用するのである。

真・善・美の世界

さらにその頃十二月十日に、野依良治《のよりりょうじ》名古屋大大学院教授が、共同受賞者のノールズ博士とバリー・シャープレス博士と共に、ストックホルムでノーベル賞を受賞された。同教授は又日本時間の八日午前〇時ごろ、ストックホルムのスウェーデン王立科学アカデミーで記者会見をし、英語で「化学は美しくエキサイティングです。人類に貢献するすばらしい学問です」と話された。

このように化学も物理学も、数学も又天文学も、「美しい」という特徴を具《そな》えているのである。たとえば数学でも、その解答が美しいのが本当で、美しくない時は、どこかが何か間違っていると言っても過言ではない。その理由は、「神」が「真・善・美」そのものであるからで、「神の国」という「実在界」では、「真・善・美」が一体である。そこで、「美」を追求する芸術家も、「善」を行う者でないと、美の奥儀に達することは出来ないのだ。しかも「善」の極致たる「神」を正しく信ずる者でないと、〝真・善・美一如《いちにょ》の世界〟には到りえないのである。

さらに又「神の国」には「生《しょう》・老《ろう》・病《びょう》・死《し》」はナイのだ。ここにいう生とは、生活の苦しみをさしている。貧乏もなく、病気もないのが本来の実相である。しかもそれは光明燦然《さんぜん》たる〝明るい世界〟であるはずだ。芸術家の作品でも、そこに〝光〟が見られないような、暗くて陰気くさく、妖怪変化《へんげ》のようなものがどんなに力強く描かれていても、本当の美には程遠い作品と言えるのだ。

理論や理屈にしても、物質だけの存在をアリと信ずるような〝唯物論信者〟では、「真」において欠けるから、必然的に四苦八苦になやまされ、子供を産んでも、皇太子妃殿下のように「たった二時間のご安産で立派な三千百二グラムの赤ちゃん」という訳には行かないのである。

例えば平成十三年九月十六日に、総本山の団体参拝練成会で、次のような体験を話された方があった。愛知県幡豆《はず》郡一色町《いっしきちょう》大字前野に住んでおられる横地《よこち》武男さん（昭和二十年二月生まれ）は、現在鉄工業の経営者だが、生長の家を知ったのは奥さんの良子《よしこ》さんと結婚すると同時だった。というのは良子さんのご家族が生長の家を信仰しておられたからで、それまでの武男さんは、

「心の弱い人が困った時の神だのみで信仰するのだ。心の強い人は信仰すべきでない」

と考えていた。ところが婿養子となって横地家に来てみると、夜になって講演会や誌友会が行われる。するとそこへ養母さんが「連れて行って下さい」と言う。やむなくアッシー君（送り迎えに使われる男性）の役をやっていた。ところが生長の家の会場に行ってみると、雰囲気が明るくて、人々が会場にあふれんばかり集っている。講演の途中では二回も三回も「立って一歩前へつめて下さい」とやっている。その明るい楽しそうな様子を見て、武男さんは次第に生長の家への認識を改めて来たが、まだ入信したという状態でもなかった。

逃げ出したい思い

するとやがて家庭内で養母さんと武男さんとの心の葛藤が起って来た。そこで婿養子はやはりつまらんと思い、郷里へ帰ってもとの姓にもどってやり直そうと決心したのである。しかし問題は、当時すでに妻が妊娠していて、その子が五十日も早く出産してしまった。父親が「家から出たいな」と思っていると、娘のめぐみちゃんが先におなかからとび出したという訳だ。

早産だったから保育器に入れたが、それはおそまつなスキマだらけの保育器で、湿気を与えるためには手拭を水にぬらして下に敷き、それを下からヒーターであぶって湯気を立てるというような原始的なものだった。ところがこれが却《かえ》って幸いしたらしい。当時市民病院などのすばらしい保育器に入った多くの赤ちゃんは眼をやられて、あとで病院通いをする赤ちゃんとなったものだ。一方横地さんの赤ちゃんも大変で、生まれた時が千九百グラムの未熟児。そこで、ミルクを二十グラム飲ませるのに二十分もかかった。当時は十一月になっていたので、ミルクがすぐ冷たくなる。そこで鼻の孔《あな》にパイプを通して、注射器で流し込んだ。すると赤ん坊に力が足りないので、気管にミルクが入り、むせて紫色の顔になる。だから父母と祖母の三人がかりで、赤ちゃんの顔をのぞき込んで、心配していた。

しかし幸いにも生長の家の「人間・神の子」を知っていたので、三人して真剣に『甘露の法雨』を誦《あ》げまくった。そのおかげで、出産予定日だった十二月になると、めぐみちゃんは三千八百グラムの体重に育った。すると毎日おふろに入れて体重を測るのが武男さんの楽しみになったくらいである。近くに同じような未熟児の家庭があったが、その赤ちゃんは市民病院の保育器に入り、あとで眼を悪くして困っておられたものだ。

このような出来事から横地さんご一家はますます信仰を深めたというから、一見奥さんの未熟児出産にしても、病気であっても、それが機縁で入信するということがありうるから、ちょっとした現象上の不幸に引きずられてはならない。それらは全て、「心の影」であり、その映像は「何かを教えさとしてくれている」のである。

しかし又信仰も一足飛びに深まる訳ではないから、横地さん宅でも時には夫婦喧嘩をしたりする。すると生長の家の先輩の山本三郎さんなどが面倒をみてくれ、夫婦喧嘩をした翌日にはちゃんと横地さんの家を訪問して、

「おい、仲よくやっとるかい？」

と尋ねて、夫婦仲よく、親孝行をしなくてはいけないと、一時間半から二時間ぐらいも説いてくれた。そんなことが三回ぐらいあったということだ。

こうして信仰生活を続けた武男さんは、仕事も一心にやっているうちに、ご両親が亡くなり、宇治の別格本山に〝永代供養〟をしてもらった。それまで宇治にはちょっと仕事が閑《ひま》になると、「行ってみるか……」という軽い気持で参加していたが、平成十二年の盂蘭盆《うらぼん》供養大祭*には、招霊祭に出てみると、武男さんの眼の裏に父と母と二人が現れて、心から嬉《うれ》しそうに光り輝いて喜んでおられた。以来武男さんは、両親の命日には仕事を休んででもお墓参りをしようと決心し、今も実行しているという話である。現在の武男さんは教区

の相愛会の副連合会長や地区総連合会長を務める立派な地方講師になられたのである。

テロ事件の教え

この実例でも明らかなように、心の弱い者が信仰者になるのではなく、目前に現れている現象を否定し、その奥にある「実在界」「実相世界」の完全円満を信ずるような心の強い人が正しい信仰者といえるのだ。心が強いか弱いかは、外見上は分からない。何故なら、心は直接外部からは見えないからである。しかし心はこのようにして外界にその姿を映し出すものである。

その現れは、肉体面に出てくるだけではなく、社会及び自然環境にも出てくる。しかし全面的に出てくるのではなく、その一部分が〝映像〟として出てくるのだ。それは丁度《ちょうど》「写真」のようなもので、本物の一部分が現れるという形で出てくる。そしてそれがまた吾々《われわれ》に、何か大切なことを教えてくれるのである。

例えば平成十三年の九月十一日に、ニューヨークの貿易センタービルなどで、同時多発米中枢テロ事件が起った。こうしたテロ行為は極めてよからぬ犯罪であり、そのため「新しい戦争」状態が巻き起ったが、この悲劇的事件は同時にアメリカ国民にも、ある種の反省を引き起したのは確かである。その点を日本貿易振興会理事長の畠山襄《のぼる》氏は平成十三年十二月九日の『毎日新聞』紙上で、こう述べておられた。

『(前略)あのテロをきっかけに、米国人、就中《なかんずく》、ニューヨークの人々にぬくもりが戻ったとも言われる。私はたまたま、あのテロの日に、カンザス州ウィチタにいて、シカゴへの飛行機が飛ばなくなって苦労をしたのだが、そのシカゴで聞いたのは、あの事件以来、ニューヨーカーがシカゴアンのようになった、という話だ。私も20年前、約4年ばかりシカゴに住んだことがあるが、シカゴの人――シカゴアンは愛想がいい。道で見知らぬ人とすれ違っても、笑顔を向けるか、声をかける人が多いのだ。これに対し、ニューヨーカーは、それこそ隣は何をする人ぞ、だった。それが911事件をきっかけに、見知らぬ人にも優しくなったらしい。ちょっと肩が触れても、SORRYと言うようになったという。

ニューヨーカーが初めて味わった挫折感、孤独感がそうさせるのかもしれない。(後略)』

さて最近の日本の大都市では、ニューヨークの人たちのように、他人とすれ違っても知らぬ顔で、あいさつもせず、返事もしなくなったようだが、このような〝冷たい雰囲気〟がこれ以上広がると、何らかの(テロを含む)大事件が起り、「見知らぬ人にやさしくなる」ことを〝教えてくれる〟かも知れない。

このような悲劇や惨害を引き起さないためにも、吾々《われわれ》はもっとお互いに明るいコトバや行動をとり、温かい家庭や都市や農村を作って行かなくてはならない。この場合、男性の果すべき役割はきわめて大きいと言える。いつも苦虫《にがむし》を噛《か》みつぶしたような顔をして、それが〝男らしい〟などと錯覚していてはいけないのだ。さらに又次のような平成十三年十二月三日の『読売新聞』に米地球政策研究所理事長、レスター・ブラウン氏の記事があった。

地球は何を訴えるか

『太平洋のハワイとオーストラリアの間に浮かぶちっぽけな島国、ツバルの指導者たちは、せりあがる海面との戦いに敗れたことを認め、祖国を放棄することを宣言した。ツバルの人々は、オーストラリアからひじ鉄を食らったあと、ニュージーランドに対して、一万一千人の島民を受け入れてくれるよう求めている。だが、ニュージーランドはまだ、色よい返事をしていない。

二十世紀の間に、平均海面は、二十センチから三十センチも上昇した。気候変動に関する政府間パネル（ＩＰＣＣ）は、今世紀中に、あと一メートル上昇すると予測している。

海面が上昇している理由は、気候変動がもたらした氷河の溶解と海洋の温水域の拡大にある。そしてまた、その変動の原因は、多くは化石燃料の燃焼による大気中の二酸化炭素濃度の上昇にある。

海面の上昇につれて、ツバルの低い土地は洪水に見舞われるようになった。侵入する塩水が、飲料水と食糧生産に悪影響を及ぼしている。この国を構成する九つの島は、海岸の浸食によって身を削られつつある。

海面を上昇させている高い気温は、破壊的な暴風雨をもたらす。熱帯と亜熱帯での海面温度の上昇は、より大きなエネルギーが大気中に放散され、暴風雨の形成を促すことを意味する。ツバル政府当局者の一人、パーニ・ラウペパ氏は、過去十年間に、異例なほど強力な熱帯性サイクロンが幾つも発生したことを報告している。(中略)』

ここに記されているツバルという国は、「Tuvalu」と書いて、太平洋上の南緯十度、東経百八十度あたりにある島国だ。ソロモン群島のはるか東方にある九つの島から成り立っている。さらにブラウン氏は続いてこう書いている。

『ラウペパ氏は、二酸化炭素排出量を削減するための国際合意である京都議定書を見限った米国を、辛らつに批判している。英BBC放送の記者に対して、「京都議定書の批准を拒否することによって、米国はツバルの未来の世代から、われわれの祖先が何千年間も暮らしてきた場所に住む自由を、事実上、奪ってしまった」と語っている。

島国諸国の指導者たちにとって、これは新しい問題ではない。一九八七年十月、モルディブのマームーン・アブドル・ガイユーン大統領は、国連総会での熱のこもった演説で、自分の国が海面上昇によって脅かされていることを指摘した。その言葉によれば、人口三十一万一千人のモルディブは、「絶滅に瀕《ひん》している国」だという。

モルディブを構成する千百九十六の小島のほとんどは、海面からの高さが二メートルそこそこだ。この国は、暴風雨による高波の際に、海面が一メートルせりあがっただけでも、存亡の危機にさらされることになる。』

モルディブ共和国（Maldives）は印度の南端、セイロン島の西方、東経七十三度あたりにある島国だ。島の土地が海抜二メートルくらいだから、海面が一メートル上昇しても、国家としての存在が否定されてしまうのである。

この極めて深刻な事実を、吾々《われわれ》も決して見すごしてはいけない。エネルギーの無駄遣いや森林地帯の平地化や道路化は、できるだけ抑制しなければならない。ところが現実は、石油や電力の無駄遣いなど停《とど》まるところを知らず、不要なビニール製品の容器をいくらでも作り出し、容《い》れる必要のないシイタケやイチゴや野菜類、魚や肉までにも〝使い捨て容器〟を利用して、ゴミクズを作り続けているのである。厚化粧の土産品の外箱類などもムダではないか。

このようにして地球温暖化に加担しているならば、その〝悪業《あくごう》〟は、必ず〝悪果〟として与え返され、やがて地球からの手ひどい教訓を受け取ることになるのは必定である。あくまでも金儲《かねもう》け主義や、利己主義は、一刻も早く捨て去るべき欲心であると言えるだろう。

＊盂蘭盆供養大祭＝生長の家信徒の先祖の冥福を祈る供養大祭のこと。生長の家宇治別格本山で毎年八月十七日から十九日まで盛大に行われている。

思いやりの訓練

新幹線の中で

二十一世紀が始まり、その会計の新年度が四月から出発する。このときに当たり、先《ま》ず何を心がけるべきかと問われるならば、一言でいうと「心の訓練」であろう。平成十二年十二月四日の『産経新聞』に〝OLないしょ話〟として、次のような記事がのせられていた。

『ひと月に一、二回の出張がある。この間も大阪へ出張した。その帰りの新幹線の中でこんな光景を見た。

午後六時か七時過ぎの新大阪発東京行きの新幹線は、出張帰りのサラリーマンがビールにおつまみ、弁当を手に、東京までの三時間をくつろぎながら過ごしているものだ。

発車前、私もビールを一本買って自分の席へ行こうとしたら、ある一角がものすごい盛り上がりを見せていた。

会社の同僚と思われるサラリーマン五人が一列で横並び、テーブルの上には三五〇ミリリットルの缶ビールと紙コップに入った水割りが置いてあった。「こりゃあ、うるさいだろうな」と横目で見ていたら、年下らしい二人が紙皿（ピクニックとかで使うあれ）を出し、おつまみを広げ、あっという間に盛り合わせセットの出来上がり。それを先輩方に配る。

そして案の定、大宴会が始まった。大声で野球や競馬の話、会社での不満や上司の悪口。「そこまで言っちゃっていいの？」というような話まで。聞かされるこちらとしてはやかましいだけなのだが、そんなことにはお構いなし。かなり楽しいらしく「いやあ何かオレ、興奮してきちゃったよー」だって。日本のサラリーマンのささやかな楽しみと思えばカワイイが、なんだかもの悲しい。

同僚のS子が見た光景はちょっと趣が違った。やはり出張からの帰路、夕方の新大阪発東京行き新幹線で、ビールとお弁当を買って席についたら、隣にサラリーマン二人組が乗ってきたという。発車して勢いよくビールを開けたS子だが、その二人組のテーブルの上には牛乳とメロンパンが。「気が引けたけど、知らんぷりして飲んで食べて横向いて寝た」と豪快に話すS子。

そういえば、この前乗った朝の新幹線で、弁当に一・五リットルのペットボトル入りコーラ、ポテトチップス一袋にポッキーを持ち込み、むしゃぶりついていた若いサラリーマンを見かけたっけ。

でも大宴会に興じる方が「愛すべき日本のサラリーマン」という感じがする。そう思うこと自体、私が会社で年長の女性社員になった証拠なのだろうか。』

くせがつく

この記事では、「大宴会に興じる方が〝愛すべき日本のサラリーマン〟」と書いてあるが、果してそうであろうか。私も時々列車や飛行機で旅行するが、〝大宴会〟でなくても、大声で笑ったり、しゃべったり、酒をのんだりしているグループを見かける。けれども他の乗客大部分は、仕事をしたり本を読んだり、見物したり、静かに眠ろうとしている。これらの人びともみな同一の運賃を払って旅行しているのだから、彼らの〝迷惑〟ということも考えなければいけないと思う。

ことに〝大宴会〟となると、その騒がしさは一段と強化されるから、〝迷惑〟の程度が拡大されるのである。もちろん宴会場でそれをやるのなら、ドンチャン騒ぎも公認され、隣のグループとも相殺《そうさい》されるだろうが、列車内はそういった所とちがう目的の場所だ。およそ文明国といわれる所は、〝音〟に対して大変厳しいもので、一般の店舗や家庭でも、外部にやかましい音響が放出されることを嫌うものだ。

それは「他の人たち」に対する思いやりがあるかないかの徳性の問題である。人々の中に自分たちだけが楽しければそれでよいとする考えが横行するかぎり、日本の文化は衰退の一途を辿《たど》るであろう。新世紀にはそうした心の訓練が大いに実行される必要がある。そうでないと、これに類する「不作法」や「迷惑行為」は、増大するばかりであろう。

そしてこれは子供や青少年の時代からの〝しつけ〟のあるなしに関わってくる。最近は公道わきや歩道の階段の上に、勝手に腰掛けて物を飲み食いする若者がふえてきた。それだけでも一般人の歩く道が狭くなり、階段の上り下りが不便になるのだが、おまけにそこで飲み食いした残りカスを、現場に捨てて行ってしまう。この繰り返しは知らず知らず彼らに「ものを残す習慣」をつけてしまうだろう。それを誰《だれ》が片付け、どうやって掃除するかを全く考えないからである。

こうして彼らが大学等を卒業して、立派な職業につき、医師や看護婦になる人も沢山いるだろう。するとこの「ものを残すくせ」のついた医師は、やはりものを片づける習慣がついていないから、失敗する。平成十二年十二月四日の『読売新聞』には、こんな記事がのっていた。

『新潟市の新潟大学医学部付属病院（朝倉均院長）で、手術した患者の体内にガーゼを置き忘れる医療ミスが過去十六年間に五件あったことが三日わかった。このうち、一件は先月、十四年ぶりにガーゼが除去されたが、二件はガーゼが残されたままになっている。

病院によると、第二外科が一九八六年に心臓弁膜症の手術を行った四十歳代の女性の胸に、今年になって血腫《けっしゅ》が見つかった。画像検査したところ、ガーゼらしいものも映ったため、先月十七日に摘出手術を行った。体に異常はないという。

また、今年八月に整形外科が股関節《こかんせつ》を手術した六十歳代の女性と、同十月に第一外科が十二指腸腫瘍《しゅよう》を手術した六十歳代の女性は、手術後のエックス線検査でガーゼが見つかり、すぐに再手術した。さらに、病院が調べたところ、産婦人科で八四年に八十歳代、九八年に五十歳代の女性に子宮がん手術をした際、ガーゼと脱脂綿を置き忘れていたことがわかった。

朝倉院長は「医療に対するご不信とご不安を与えたことをおわび申し上げる」と話している。』

まだ残っていた

これは弁当や飲物のカス、カンなどを捨てるくせの悲劇的発展の成果であろう。新潟県ばかりではないが、翌日十二月五日の『読売新聞』には、さらに同大学で、

『今年八月に第二外科で行われた心臓手術の際、新潟県内に住む六十歳代の女性患者の体内に縫合用の針を置き忘れる事故が起きていた』

とつけ加えられ、さらにこう書かれている。

『熊本大医学部付属病院（熊本市）が、一九九七年に熊本県内の女性（当時五十歳）の脳しゅようを手術した際、執刀医が鼻腔《びくう》に止血用ガーゼ一枚を置き忘れたことが四日わかった。ガーゼは再手術で取り出したが、女性は十九日後に脳こうそくで死亡した。

同病院によると、女性は九七年七月三十日午前、下垂体しゅようの摘出手術を受けたが、視力低下を訴えたため、同日夜に再手術した。その際、ガーゼ一枚（一・五センチ×六センチ）を置き忘れた。翌三十一日に手術で取り出したが、八月十九日に死亡した。遺

族は今年三月、病院側に慰謝料を請求、示談交渉が行われている。（後略）』

さらに十二月五日の『産経新聞』では、四国での事件を次のように報道した。

『徳島大病院（徳島市）が今年六月、愛媛県内に住む六十代男性に実施した下垂体腺腫（せんしゅ）の摘出手術で、鼻の奥にガーゼを置き忘れていたことが四日、分かった。男性はガーゼの除去手術を受け既に退院、後遺症も出ていないという。病院側はミスを認め男性に謝罪した。

同病院によると、男性は脳神経外科で手術を受け六月末に退院したが、七月中旬ごろから鼻づまりを訴えるようになった。九月末に同病院で検査した結果、鼻の奥に異物があることが判明。除去手術で長さ十センチ、幅二センチの止血用ガーゼが丸まった状態で見つかり、二回に分けて取り除いた。

同病院は十月、男性と家族に説明し謝罪するとともに、文部省と県などに報告した。原因について「医師や看護婦が使用したガーゼの数を数えていなかったため」としている。香川征病院長は「男性には大変申し訳ないことをした。手術マニュアルを見直し、見落としがないよう黒糸付きガーゼに切り替えた。医療事故防止に一層努力したい」と話している。』

桜見物と映画

以上のような「事故」は、あたかも氷山の一角のようなものかも知れないし、その他の大企業の製品の欠陥もなかなか大きな被害を引き起すことは、雪印乳業や三菱自動車やブリジストン系のファイアストーンのタイヤの例で、世界的にも知れ渡ってしまった。

これらは全て、自分の都合や自分の会社の実状を考えるだけで、他人や患者や使用者たちのことを親身になって思いやらない習慣から派生した結果だと言えるだろう。別の例では新入社員に命じて、グループの桜見物のために、桜の木の下に早朝からビニールを敷いて〝陣取り〟をさせるのも、他の多くの見物客を排除したり、その人たちの楽しみのことを思いやらない「思いやりのなさ」である。その結果世界的にも珍しい〝桜見物〟のドンチャン騒ぎが毎年のように繰り返されるのである。

これではいくら物量がふえ、次々に新製品が開発され、数々の発明発見が行われ、人工衛星の数が増大したとしても、決して真の「豊かな世界」は現れてこないだろう。それ故われわれはもっと「思いやる心」を訓練する必要を強く感ずるのである。

さて平成十二年の十二月五日のこと、私はある映画の試写会に案内された。題名は

「ザ・カップ」（夢のアンテナ）というケンツェ・ノルブという僧侶（ラマ教）の監督したブータンがオーストラリアと共同で作った映画であった。チベットから南のインドに亡命した人たちの僧院の物語で、出演者は全て素人の坊さんたちである。極めて原始的で物の乏しい生活の中で、95％実話だということだが、モデルは仏教哲学の大学で学んでいるチベット仏教の僧侶たちだ。従って仏教の中味が、ごく自然に浮かび上がってくるように出来ていた。

物語は先《ま》ず貧しい少年ニマと叔父のパルディンが、国境を越えて僧院に入って来た。ニマは母からまさかの時の用心に、〝金時計〟を渡され、「僧院長さんに渡しておきなさい」と言われた。二人はやっとの思いで僧院に到着したので、ニマが僧院長に〝金時計〟を渡そうとすると、僧院長は「しまっておきなさい」とニマにそれを返し、新入りの二人を「よく勉強しなさい」と励ますのである。この年寄りの僧院長（ラマ・チュンジョル）も、舎監のような役をする怖そうな高位の僧侶（ウゲン・トップゲン）も、実にうまくやっていた。「うまく」というのは、威厳がありながら、内にやさしさを秘めていて、それが言動ににじみ出ているのだ。

一方主役の少年ウゲンを演ずるのはジャムヤン・ロウドゥ（Lodro）という学僧だが、

ウゲン・トップゲンの実の息子だということだ。ウゲン少年は生意気で、わるさ好きのキカン坊である。このウゲンがそそのかして、院内で色々の違反行為をやる。壁に落書きをしたり、カンカラを蹴《け》ってサッカーをして遊んだり、遂《つい》には皆をさそって、英仏のサッカー戦の白黒テレビを見に、夜半こっそり門を抜け出して行く。

しかし彼らは村人たちの反感を買い、テレビ見物の場所から追い返され、院内に帰ったところを舎監に見つかり、処罰される。そこでウゲンは一策を考え出して、白黒テレビを借り出して、ブラジルとフランスの決勝戦を院内で見ようではないかと言い出す。さてそれをどうやって実現するか。先ずテレビの借り賃をどうかしなければならない。そこで院内の皆からいくらか献金してもらおうというのだ。この献金のために、主謀者たちが走りまわるが、院内のどこかで見るとなると、どうしても舎監の先生に許可してもらう外はない。そこでこの怖い先生に頼みに行く。舎監先生は、おそろしい顔付きでにらんでいるが、やがて、

「僧院長にたのんでみよう」

といって、頼みに行ってくれるのだ。僧院長は、

「何の戦争か？」

ときくが、サッカーというものをよく知らないらしい。だが許可してくれる。こうしてインチキをやったり、ウソをついたりするよりも、〝正々堂々〟とやるのがよいということを、何となく教えている映画である。

ボロも役に立つ

ところが、いざ白黒テレビを借りに行くと、業者は高額のリース賃を要求する。とても今までの募金では足りない。そこでウゲンは、また僧院に帰ってきて、再募金を始める。あらゆる方面から乏しい持ち金を集めるので、近くに住む変な占い師からも金を借りるし、ついにニマの持っている〝金時計〟にも目をつけ、これを担保にしてテレビ屋に交渉しようというのだ。ニマは母親の大切な〝金時計〟だから、中々承知しない。そこでニマの叔父にたのんで、ニマを説得してもらうのである。

やっと借り出した〝金時計〟や、その他の金銭を持ってテレビ屋に掛け合いに行く。町に出かける時にたまにタクシーを使うが、これがまたオンボロの自動車で、中々エンジンが掛からないから、皆にうしろから「押してくれ」というわけだ。このタクシーが大写しになると、実に立派な古ぼけた風貌《ふうぼう》で、この映画の役者たち〝仲間〟のように見える。何でもピカピカの新品がよいというわけではない。

私は院生たちがこのボロタクシーをうしろから押す姿を見て、かつて昭和二十四年ごろ、運転免許をとりに行った時、教習所で練習につかった木炭自動車のダットサンのことを思い出した。これも時々エンコするから、指導員は「おい、降りて押してくれ」と命令したものだ。時には「こわれているから、今日はトラックで運転してみろ」といって、むりやりダブル・クラッチをふまなければ動かぬボロ・トラックの運転をさせられた。こうした努力のたまもので、やっと得た当時の運転免許証は、一、二年ぐらいたつと全ての乗用車が運転でき、何CCのオートバイでも運転できるものに替わる「思いやりのある」ものだった。（今はもう返上したから手許には何の免許もない）

アンテナは北向きに

こうしてウゲンたちが太ったテレビ屋のところに行って〝金時計〟を見せると、彼はしばらく時計をながめてから、条件をつけた。何時間かの間だけテレビを貸すが、制限時間までに残金を支払わないと、この〝金時計〟をわしのものにするというのだ。その制限時間のくわしいことは忘れたが、とにかくそれまでに金が間に合わないと担保にした〝金時計〟が流れてしまう。

それでもとにかく白黒のテレビがある時間借りられるので、一同は大喜びで、巨大なパラボラ・アンテナと白黒テレビを車につんで、引き上げて来た。

「アンテナはどっちへ向けるのか」

「北の方だ」

とテレビ屋がいう。そこから北は、チベットの方向に当たる。所々さびているが、衛星放送用の巨大アンテナのような恰好《かっこう》をしていた。

こうしてやっと、ブラジルとフランスの〝決勝戦〟を、公認されて院内で観戦するのだが、しばらくするとこの会場に赤い椅子が運び込まれて、僧院長と舎監先生とが入って来た。これでますます決勝戦拝見が公式なものとなり、一同安心して勝負を見守っていた。

ところが突然まっくらになって、テレビも消えた。

「停電した」

というので騒いだ。もしこのまま停電が続けば、せっかくのテレビ観戦も水の泡だ。しかし町全体が停電したと分ると、少し待てばつくよ、いつものことだというので、待っているうちにやっと電気がついて、テレビが映り出す。しかしどうしたことか決勝戦が永びいて、勝敗がつかぬうちに、テレビ代の支払い時間切れが迫って来た。時間切れになると〝金時計〟がテレビ屋の所有となる。だからニマはやきもきし、やがて失望落胆して苦しむ。

その姿をチラチラと見ていたウゲンも、また困り果てる。二人は共に悩むのだが、やがてウゲンは思い切ったように立ち上がり、自分の部屋に走り込んだ。そして寝台下にかくしておいた持ち物の中から、新品らしいサッカー靴や、色々と金目《かねめ》のものを持ち出して、それらを持って〝金時計〟と取り替えようと思い、あわてふためくのである。

すると急にテレビの前から姿を消したウゲンを心配して、彼をさがして舎監先生が入ってきた。ウゲンの様子を見、さらに彼の説明を聞いて、先生はやっと納得し、このテレビ借用金のことは心配するな、僧院で支払ってやるという意味のことを伝えた。僧院長をはじめ先生も生徒も、皆で観るのだから、これも正当な判断であろう。

こうしてサッカー戦の勝敗は、もうどうでもよくなって、皆でテレビを返しに行った。先生と生徒との「思いやり」が実り、乏しくて厳しいサッカー観戦の一幕が終るのである。

慈悲喜捨

最後にはのどかな田園風景の中に、字幕が出て、英語の解説が聞えてきた。どうやらインド風の英語らしい。それは仏教の教えの、「汝《なんじ》ら、執着を去れ」という内容だ。一心に思いを込めて、ある目的を追及するのもよいが、その結果は、実はどうでもいい。絶対者に全托して、心から執着を放ち去れよという内容であった。

こうして結局、僧院長さんは長年希望していた亡命先から祖国にかえることが出来、誰やらはサッカーの選手になったとか言うような話だった。少年ウゲンという十三歳の主役生徒は、現在も「チョックリン寺院の仏教学校で学んでいる」と説明書きにあった。さらに曰《いわ》く、

「撮影が行われたのは、北インドのダラムサラ近郊、カングラ谷にあるチョックリン寺院」で、天候が晴れるよう、「撮影をスムーズに進められるようにと、祈願や儀式が何度となく行われたが、効果はあったようで、結果的に撮影はスケジュール通り、そして予算内で終了した」とのことである。

人はとかく自分の目的にしがみつき、自己以外の人々の迷惑や便宜をかえりみないという行動を取るものだ。その結果、知らずしらず悪や罪をおかすのである。「罪」とは実在界

の完全円満大調和を「包《つつ》みかくす」ことであるから、よく罪人《つみびと》と言われるが、本当をいうと神が罪人を作り給《たま》うはずはない。神性《しんせい》・仏性《ぶっしょう》という慈悲喜捨《じひきしゃ》の心がすべての人間に内在する。だからこの僧院でも、自然に人間のすばらしい愛や思いやりが湧き出して、全てが円満解決に向かったのである。

この筋の中には、学僧たちが夜半脱出して町のテレビ見物に行き、追い返された事件があったが、そのとき、僧院にしのび帰った彼らは、舎監先生にみつかって、食事当番などの処罰をうけ、「食事当番を何日か続けること」を要求される。するとその台所当番で、彼らは色々と次の策をねるのだが、カケをする所もある。何を賭けるかといっても、何も賭けるものがない。そこで、生れ替ってからの次の世も又次の世も、食事当番を賭けるか、というようなやりとりがあった。こんな所にもチベット仏教に「生れ替り」の次生や後生が考えられている所がごく自然に出てくるのだ。

しかも彼らには何の作為も、てらいもない。そういった自然法爾《じねんほうに》さが現代文明社会には見られない面白さを、古ぼけた前近代的僧院での全面ロケが表現してくれたのである。

新世紀になると、またも人々はとかく「新しいもの」や「流行」を追い求めるが、そのため必然的に執着心をかき立てるだろう。事業や政治や何かの目的達成にしがみつくが、本当はそれらを一切放ち去って、ただ神にのみ全托し、神の子・人間の愛に生きるとき、たとえ目的は果せないようでも、「真・善・美」が必ずその姿を現し出してくれるものである。そしてその「真・善・美」こそは、久遠の昔から、すでにあり通していた人間のいのちの輝きなのである。

神にすべてを委ねる

種子を播く

言うまでもなく人間の肉体には死や病気が現れるが、本当の人間は不死・不滅の「神の子」であり「仏」である。この事を信ずるか否かで、人生そのものが変わってくるのである。何故《なぜ》なら、心が現象界を形成するからだ。例えば人を恨んだり憎んだりするのは、相手が悪いと思うからであろう。

しかし本当の人間は「神性《しんせい》・仏性《ぶっしょう》」であるから、悪くはなくて、善なる本性そのものである。その「神の子」を恨んでいるとすると、それは相手の現象に引っかかっているのだから、こちらも「現象」の姿を現し続け、相手から受けた失礼や不幸や傷害を、なかなか消し去ることができないものである。

そこでどうしても「神性・仏性」なる人間を心で観《み》、その人を愛し赦《ゆる》すことを実行する練習が大切な〝人生課題〟となる。それは神や仏を信じていようがいまいが、そのことには関りなく、全人類に共通して言える「心の法則」であり、全ての人々は結局この一点にたどりつき、神の子らしい喜びと平安を得るものである。

けれどもこの〝人生課題〟を達成するためには、長年月《ちょうねんげつ》の日数を要する。簡単にパッと結果を得るというわけには行かないのだ。何故なら、人生は永遠だからである。肉体人生だけが人生ならば、百年もすれば終末となるが、本当の人生は「神の子」としての「無限」を生きるいのちであるから、いくら進歩向上しないように見えても、そんな現象に引っかかってはだめだ。何事にも辛抱して「待つ」心がなければならない。

それは植物の種子を播いても、発芽までには何ヵ月も待つ必要がある。子供を生んでも、すぐには立派な才能を現してはくれないようなものである。他人や家族に「教え」を伝えても、中々ハッキリ受け取ってくれないといって嘆く人もいるが、それはまだ「芽が出ない」植物のようなものだと思えばよいだろう。ただ愛行や愛語・讃嘆という「養分」や「水分」を与え、時には何も与えないで待つ辛抱が、こちら側に必要なのである。

あいさつの訓練

例えば平成十二年十一月五日の『毎日新聞』には、永沼規美雄さん（五四）という小学校校長さん（埼玉県南河原村）の、次のような投書がのっていた。

『最近の子供は、あいさつをしないと言われて久しい。私の学校も例外ではない。校長として何かできないかと考え、２学期は次のことを始めた。まず9月の朝礼で、児童と「人に会ったら、自分から先にあいさつをしましょう」と約束した。

私は、毎朝7時半に信号機のある校門に立ち、保護者が交通指導をしているそばで、児童に「おはようございます」と、自分からあいさつをすることにした。

何日たっても先にあいさつする子は増えない。これは駄目かなとあきらめかけたが、1ヵ月を過ぎたころから変化が表れた。今はほとんどの子が大きな声で、先にあいさつできる。何事も根気強い指導が大切だと実感した。

朝、校門に立つと良いことが多い。子供の名前を覚えられるし、保護者の方や近所の人と話ができる。ゴミや落ち葉を掃くこともある。

子供たちのあいさつが良くなったので、校門に立つのがとても楽しみである。』

この校長先生は、生徒よりも先ず自分が生徒にあいさつをした。それを根気よく続けたのがよかったのである。本当は生徒の方が先生にあいさつをすべきだろうが、その訓練ができていない子供がとても多い。父母が家庭で教えてこなかったからだ。父母がまず子供の先生だ。先に生れると書いて〝先生〟という。子供より後で生れる親はいないだろう。

ふつう生れたての赤ん坊はあいさつを知らないと思われている。しかし不思議に「笑う」というあいさつを知っているのだ。親は喜んで、「いないいない、バー」などといって、これ又あいさつをする。ただし、コトバであいさつをするところまで続けて教えないから、尻切れトンボになる。つまりあいさつの訓練も、長時間続ける必要がある。どちらが先に生れたか、などは問題にしなくてよいのである。

人はとかく変な「先入観」を持って、人体に害になるものは、これとこれだ、と思い込んだりする。あいつは「悪い人」と思い込むこともある。しかし本当は「よい人」だと、次第に分ってくる。どんなアバズレでも、〝三角野郎〟でも、本当は「円満完全」な「神の子」だということが分るには、やはり「待ち時間」の辛抱と、その間の訓練が求められるのである。

かつて東海村で原子力の臨界事故が起り、高レベルの放射線が出て、沢山の人々が死傷した。そのように放射線は全ておそろしいものとか、人体に害になると、思い込んでいる人もいるが、実は人間は誰でも天然の放射線を受けて生活をしている。宇宙から間断なく放射線がふりそそいでいるからである。

しかしその放射線は、「少ない方がよい」とか、0《ゼロ》であることが理想的だと思い込んでいた人もいるだろう。ところが放射線の研究をしている「電力中央研究所」で、こんな研究を発表したという記事が、『産経新聞』の平成十二年十一月一日号にのっていた。

ホルミシス効果

『「生物は低レベルの放射線なら、それを刺激として受け止め、逆に有益な効果を得ることができる場合がある」

二十年前に米国ミズーリ大学のT・D・ラッキー教授が発表した「放射線ホルミシス効果」という考え方は当時、放射線安全にかかわる医療関係者らに衝撃を与えた。ラッキー博士によると、実際に低レベルの放射線を与え続けた実験ラットは長生きしたり、たくさん子どもを産んだりしたというのだ。

財団法人の電力中央研究所では、ラッキー博士の考え方に注目。十五年ほど前からホルミシス効果の研究を始めた。

同研究所で低レベル放射線の実験を手がけている主席研究員、酒井一夫さんは、「東海村の臨界事故で死亡した人がいるように、七千ミリシーベルトを超える高レベルの放射線は生物に壊滅的なダメージを与える。しかし、一年間に人々が受ける平均自然放射線量二・四ミリシーベルト（ラドンを含む）の十―百倍の放射線の影響については、ほとんど研究がされていなかった。どんなに微量であっても害があるとする考えが支配的になっていた」と話す。

日本では、〝原子力アレルギー〟が強いだけに、医学界には否定的な見解も根強く残っているという。』

ラッキー博士の研究に注目したのは、ラッキーだったのだろう。人体には免疫力があるが、これは体内に入ってくる異物を排除しようとする「抗原抗体反応」で、ごく少量の異物ならば、かえってリンパ球が活性化する。バイキンをおそれて無菌状態の中に暮らすと、かえって弱体化してアレルギー性疾患がふえるようなものである。さらにこのレポートは次のようにいう。

『同研究所では、昭和六十三年に岡山大学医学部などと動物実験による実証データの蓄積を開始。その結果、低レベル放射線を照射することで、細胞膜を攻撃する活性酸素を消去する酵素が増えることや、照射によって免疫力アップにつながるリンパ球の活性化などが確認されたという。

例えば、活性酸素病の一つの糖尿病。活性酸素が、血糖値を正常な状態に保つ機能を持つ膵臓（すいぞう）の細胞を破壊することで、糖尿病を誘発させるが、人為的にラットに糖尿病を生じさせ、五百ミリシーベルト前後の低レベルの放射線を照射したラットと非照射のラットの血糖値を分析・比較したところ、前者の血糖値が下がっていた。

こうした成果を受け、平成五年には東京大学や京都大学など十四の研究機関の参加を得て、放射線ホルミシス効果の本格的検証プロジェクトを立ち上げた。研究対象を老化抑制効果、がん抑制効果、生体防御機能の活性化など五つのカテゴリーに分け、実際の効果について研究が進められている。そして、老化抑制効果や、がん抑制効果については「有効」といえる実験結果が得られつつある。（後略）』

こうした研究も、かなり長年月を経て、次第に明らかになって来ているというわけだから、科学や医学の成果も、長い待ち時間を必要として無限の進歩発展を考えなければならないことが分るであろう。つまり放射線でも、その使い方や分量次第では、毒にでも薬にでもなる〝諸刃《もろは》の剣〟だということができる。そしてその〝分量〟やタイミングをきめるのはみな「人の心」だということが大切なのである。

交通事故

最近はとくに交通事故で死ぬ人や傷つく人が増えてきた。しかしこれも「心」の問題が重要であり、ちょっとした配慮によって、生死が分れたり、後遺症のあるなしやその程度が決まるものである。例えば静岡県藤枝市青南《せいなん》町五に住んでおられる植田ちえ子さん（昭和二十年一月生まれ）は、平成十二年十月十六日の総本山団体参拝練成会で、次のような体験を話して下さった。

彼女は平成十一年六月十六日に交通事故にあった。夕方買物をしてから歩道を自転車で走っていると、小さな交叉点で、自動車が一時停止をしないまま歩道に乗り入れて来て、ちえ子さんの自転車のペダルに当たった。自転車は車道に倒され、彼女は二メートルほどハネ飛ばされた。もう少しでブロック塀にぶつかるところだった。

起き上がる時、いたいと思ったが、「自分も当たる心があったのかな」と反省し、相手の青年の顔を見ると、何も言えなくなった。二十歳ぐらいの男女二人で、運転していたのは男性の方だ。彼は、「すみません、すみません」と何回もあやまったので、ちえ子さんは、

「大丈夫です。大丈夫ですから、いいです」

といって、そのまま別れたのである。買物袋の中にはガラス容器が入っていたが、こなごなに割れて別の品物にささっていた。帰宅する途中も、手と脚が痛かったが、心はとてもさわやかだった。

「どうしてだろう。生長の家の教えを学んだからかな。もし学んでいなかったら、相手を裁いて、暗い心になっていたかも知れない……」

そんな気持で帰宅し、家族にこの事件を話すと、皆からはバカにされた。名前も何も聞かなかったので、近所の人からも、「何故警察に言わなかったの」と問われたりした。しかし彼女は、「自分にも当たる心があったから」と言って、それ以上何も言えなかったのである。

その後二日間は、大した痛みもなかったが、三日目の朝起きると、頭がガンガン痛い。首は右に回らない。右腕も痛くて動かない。左脚も痛くて、どうしようもなくなった。一日じゅう生長の家のカセット・テープを聞いて寝ていたのである。すると、身体は痛くても、心がとてもさわやかになったので、相手のことは何も思わず、病院に行こうとも思わなかった。

さて四日目になると、少し痛みはとれていた。この日は壮年層の講演会の推進に行くと決めていたので、同じ総連合会の前島さんの車に乗せてもらって、五人の白鳩さんをさそうことができた。嬉しくて、十二時半ごろ自宅に帰った。するとその途端に目が回り、頭がボーッとした。目の前が暗くなり、もう立っていられなくなった。縁側に手をついてしゃがもうとすると、そのまま倒れそうになった。やっとベッドまで行き横になろうとして、「有難うございます」を一万回（三時間半）唱えようと思って実行した。

二時間もたったころ、急に涙が出てきて、亡くなられた父母にざんげし感謝する心で一杯になった。しばらくすると涙が止まり、四時半まで「ありがとう」を唱え続けたのである。それが終ると、身体が楽になったので、腕を動かしてみると、完全にどこも痛くなくなっていて、感動の涙が湧き出して来た――という体験談であった。

大手術

これは相手を憎まず、ひたすら感謝の言葉と愛行の実践で、回復したという実例であったが、私が彼女に、「事故にあったときご主人さん（登《みのる》さん）は何か言われましたか」ときくと、

「夫は生長の家では人を裁かないというけど、名前と住所ぐらいは聞いておくんじゃないかね。そんなバカはいないぞ、と言われました」

と答えておられた。このようなとき、名前と住所ぐらい聞いておくというのは、普通はやった方がよいものだが、その結果は多少変わってくる可能性もあるだろう。ちょっとした心の作用で、現象世界は大きく変化して行くからであり、とにかく「恨まない」という心になるには、多くの訓練を必要とするからである。

このような軽い事故でも、後遺症はありうるが、もっと生死に関わる実例では、平成十二年十一月四日に行われた総本山での全国青年練成会で、次のような体験発表があった。S・Mさんという沖縄県の女性だが、匿名を希望されたので、関係者の名前と住所は省略する。

彼女は平成元年の夏、高校三年生の時、交通事故にあった。男子青年の運転する乗用車の助手席に乗っていて、スピードの出しすぎだったので、右カーブを曲り切れず、左側のガードレールに激突し、助手席にいたS・Mさんは開いたドアの外に投げ出され、身体がドアに引っかかり、重傷を負った。

彼女は三人姉妹の末っ子で、家族からはいつも愛されている元気な少女だった。母のF

さんは生長の家を信仰しておられたので、母につれられて生命学園に通い、小・中・高の練成会にも参加して、「人間は神の子である」と教えられていた。だから事故にあった時も、神に守られているという実感はあったということだ。

事故の直後はドアにぶらさがったまま意識を失っていたが、運転者は無傷だった。彼女が失神していると「起きなさい、目を開きなさい、眠ったらダメだ。実相・円満・完全……」という声が聞えてきた。意識が回復してから、あの声はどこから聞えて来たのだろうと思った。でも、それは自分の声で、自分が勝手にしゃべったのだと気がついた。それから意識的に「実相・円満・完全」と唱え祈ることを続けたのである。

事故現場はあまり人通りのない所だが、しばらくするとタクシーが通りかかり、救急車が呼ばれて病院に運ばれた。あらゆる検査が終ってから、朝九時から夕方の四時までの大手術となった。あとで聞くと、右脚がパックリと切れ、そのまま切断する予定だったそうだ。しかし取りあえず、四本の金具を横からつきさしてつなぎとめ、切断は徐々にしてゆこうということになったのである。

神に全托する

手術が終ってから姉さんが、「生長の家の友達が手術室の前で、ずっと祈っていてくれたよ」と知らされた。手術後は一日に二、三回麻酔を打っての消毒が始まり、腐った皮膚や肉を削り取る手術を二回受け、皮膚移植を二回うけ、どんな睡眠薬を飲んでも、痛くて眠れない日が続いた。けれども母が聖経読誦をしたり、講話テープを聞かせて下さると、眠ることができた。さらに母が写経したり、生長の家の話をしてくれたりするので、とても明るい病室だった。だから医師も看護婦さんも生長の家を信仰している家族だと知っていた。

ある日消毒に来られた医師にS・Mさんが、「私の脚は切るの?」と聞いた。すると医師は、

「残したとしても、血管も筋肉も筋《すじ》もないので歩けない。脚を下に下ろすのも難しい状態だ」

と話してくれた。それを聞いて、頭の中がまっ白くなった。将来のことや、父母のことを思い、運転者への家族たちの憎しみもあり、どうしてよいのか分らなくなって、流れ出る涙を拭《ぬぐ》う気力もなくなってしまったのである。

しかし父は彼女や家族に、「大丈夫、大丈夫」と声をかけていて下さった。その後彼女は食事を受けつけなくなり、一週間から十日くらい点滴だけで何とかすごし、心臓や肺の機能もおかしくなって生命の危機に陥《おちい》った。彼女は「物質ナシ」だから、切ってもよいのか、「物質ナシ」なら残してもよいのかと思い悩んだ。しかし母は信仰から離れることなく、

「全てを神様に全託《ぜんたく》しましょう」

と言って下さった。

S・Mさんは小学生練成の時間いた話を思い出した。そして「これからも歩ける」と思ったり、「いつも笑顔ですごそう」と思ったりした。それまで「笑いの練習」を、さめた目で見ていたのに、この練習が人生にとってこんなにも大事なのかと気がついた。そして笑いを練習して、次第に明るい入院生活を送るようになってゆき、神に全託する日々を送るようになれたのだった。

「あたり前」がありがたい

こうして一年後には、松葉杖《まつばづえ》二本で通院することが出来るまでに回復した。学校に復帰

する前には、母と二人で「飛田給」と「宇治」との練成会に参加した。飛田給練成の時、徳久講師が握手をして、まるで彼女の心の中を観透《みす》かしたかのように、

「運転手を恨んではいけないよ」

と忠告して下さった。S・Mさんは、憎み恨む心を取り除こうと思った。運転者は保険にも入っていなかったので、多額の入院費を一銭も払ってはくれなかった。けれどもSさんの家族は何一つ文句を言わず、ただ静かにS・Mさんの回復を見守って下さったのである。

こうして彼女は遂に、松葉杖なしで歩けるようにもなった。平成十二年十一月の練成会の時も、ちゃんと歩いて演壇にあがり、ずっと立って以上の体験を話して下さったのである。そして、

「怪我をしている右脚も、それを補っていてくれる左脚も、当り前というものはこんなに有難く素晴らしいものかと、実感しています」

と話しておられた。全く「当り前」が一番すばらしく、有難いことなのである。彼女は当り前の人のように学校にも復帰できたし、その後生長の家の信仰をしている男性と結婚することが出来た。このKさんという青年は生高連時代に輝いていた先輩であったという

から、彼女の人生は完全に過去の苦難を乗り切り、さらに大いに前進したということが出来るだろう。

「こんな私を、嫁として快く迎え入れてくれた彼と、彼のご両親に感謝しています。そして事故当時、骨盤も打っていて、薬も大量に使い、子供もできるかどうか分らないと言われましたが、私は四人の子宝に恵まれ、毎日にぎやかに、幸せに暮らしています。有難うございました」

と話して下さった。このようなすばらしい結末も、彼女の心の変化につれてもたらされたものであり、事故当時の過失を犯した相手の人を赦す心が根底にあってはじめて起り得た結果である。この赦しの背後には、母の信仰があり、夫となったK青年の信仰と、その他多くの家族の方々、さらに病院関係の方々の助力があったことを思う時、そこに永い年月の「待ち時間」が必要であった理由が理解されるであろう。

時間・空間は全て心の中にある仮の尺度だ。「神の国」にあるのではない。そこ《ヽ》には《ヽ》ただ円満完全な「実在界」という「理想世界」があるだけで、それを時間・空間を通して、「表現しつつある」のが、この「人生学校」だということができるのである。

四、神意に帰一する

神意は必ず現れる

本物と影の関係

繰り返しのべているように、吾々は人間の本質は実にすばらしく、無限の能力を保持する者、即ち「神の子」であるという信仰を持っている。しかし現実の肉体人間は不完全であり、多くの失敗や悩みに苦しむ。それは「肉体人間」が、「本当の人間」ではなく、その〝表現体〟であり、いわば本物の〝写真〟や〝影像〟であり、〝道具〟であるからである。ちょっと考えると分かるように、本物の人間と写真とは、大変違っている。よく自分の父母や恋人の写真を持っている人が、友人に対して、

「これが私の父母です」

「これが私の恋人だ」

などといって見せることもあるが、その言葉は正当であっても、「真実」ではない。何故なら、写真がどんなによく写っていても、父母それ自身や恋人その人とは違うからだ。写真とは会話もできず、写真は動きもしないし、あいさつもしてくれない。笑いっぱなしでいたり、すまし切って写っている。三次元の肉体ともちがい、二次元的存在、即ち〝影〟の又〝影〟だからである。

三次元空間での〝肉体〟もやはり〝影〟ではあるから、「本物の人間」の〝無限力〟や〝永遠不滅性〟、即ち「神性《しんせい》・仏性《ぶつしょう》」を表してはいない。つまり本物が蔽《おお》い隠されているから、「包《つつ》まれている」、即ち「罪人《つみびと》だ」とも言われるのだ。そこで現実の人間は、色々と失敗をしたり、苦しんだり、悩んだりするが、同時にまた〝すばらしい美点〟や〝良い心〟や〝思いやり〟を表現してくれる。それは〝写真〟でも、父母の面影がよく分かることがあるようなものだ。そして、

「これが私の父母です」

と言って見せるのを〝間違いだ〟とは言えない。それ故わざわざ、

「これが私の父母のニセモノです」

など言う人はいないだろう。又それは、旅行に行った人が土産物を買ってきて、

「これが名産品のチクワです」

などと言って、包み紙のまま差し出すのが当り前で、

「これが包み紙です」

などと言って渡す人はいないようなものである。

問いと答え

ところで平成十三年十一月二十日の『読売新聞』の「人生案内」欄に、次のような質問と回答がのっていた。まず質問の項を紹介すると、

『十八歳の高校三年生。三年前に母を亡くし、父と弟二人の四人暮らしです。私は東京の大学に進学したいのですが、家のことが気になって、悩んでいます。

高一の弟が高校入学後に素行不良の友達と付き合いだして、学校もよく休むようになりました。夜中に家を抜け出しては遊んでくることもあります。進学クラスに在籍し、大学進学を希望しているのですが、全く勉強はしていません。先日、弟は父と口論となり、家を出ていったきりです。学校には行っていません。

父は弟のことを「もう手がつけられない」とあきらめています。でも、長女の私は母親

役も兼ねているので、大学に進んで家を離れたら、父にばかり負担がかかってしまうことが気がかりです。大学は推薦で合格しました。でも、私はどうしたらいいのでしょうか。

(長野・J子)』

この高校三年の女の子の悩みは、合格している大学に進学したものかどうかを問うているのだ。こんな悩みを抱えている人も沢山いるだろう。それに対して、この欄の回答者である作家の出久根《でくね》達郎さんは、こう答えておられた。

『あなたのけなげさに、全く涙が出ます。それにひきかえ、失礼ながら、お父さんや弟たちは、何だか子供みたいですね。成長していないように見えます。

弟さんは母を亡くして、さびしさから、すねているのでしょう。一種の甘えですね。進学を希望しているのですから、勉強がきらいというのではなさそうです。

あなたは、せっかく大学に合格したのですから、行きなさい。そしてうんと勉強をなさい。あなたの一生懸命な姿を見れば、弟さんもきっと考え直します。

意見を言ってもききめがないなら、あなたの精一杯の勉強姿と、まじめな奮闘ぶりを見せつけるに限ります。あなたが家に残っても、弟さんがやる気を起こすとは思えません。

身内の方で、相談に乗ってくれるどなたか、おられませんか？　いないなら仕方がない、お父さんに任せましょう。男同士、何とか解決してくれるでしょう。

私は弟さんがダダをこねているとしか思えない。きっと今に目が覚めますよ。』

この回答も、かつて直木賞を受賞された作家らしく、思いやりのある回答だと思う。ただここで注意しなくてはならないのは、最後のあたりで、「身内の人に相談相手がいないならお父さんに任せましょう。男同士、何とか解決してくれるでしょう」とあるが、これをJ子さんが「大学に行く」と決めて、残った〝男同士が……〟というのではなく、先《ま》ず最初に、J子さんがお父さんに相談なさるのが本筋だと思う。そしてお父さんがどう考えておられるのか……それがこの文面にはハッキリと出ていない。だから回答者は小説家らしく、お父さんは暗黙のうちに娘の大学行きを認めていると察しておられるようである。

しかし大学へ進学するには、長野から東京へ出ることだから、入学費用や、通学費など相当の金額が必要だろう。それらは高校三年生のJ子さんには支払えないと思うから、当然お父さんの負担となる。そうした問題はやはり家長である「父」の回答がなければならないから、第一に父に相談することが大切だと思うのだ。

もしかすると質問の本文にはもっと詳しく書かれていて、それを編集の都合上簡略化してのせてあるのかも知れない。しかしこの点が一番大切で、父の意見を無視する訳には行かないことを指摘しておきたいのである。

中心がないとき

話が変わるが平成十三年十一月に私たちは長崎県の西彼町に行って、総本山の〝秋季大祭〟*その他の会合に出席し、さらに孫息子の結婚式にも参列して、二十三日の夜帰京した。すると二十二日の午後、多少の時間的余裕ができたので、家内がサンキライという植物の実を写真に撮りたいというので、総本山の山の奥に出掛けて行って、撮ったことがある。

家内は植物にくわしいが、私はサンキライという植物を全く知らなかったので、

「サンキライとは〝三嫌い《さんきら》〟と書くのか」

と聞いた。すると、そうじゃなくて、

「山帰来ですよ」

という答えだった。何でも「さるとりいばら」の種類らしいが、小さな赤い実が沢山ついていた。私が〝三嫌い〟と思ったのは、昔から危険で嫌いなものに「地震、雷、火事、親父」の四つが数えられていたが、今ごろは最後の〝親父〟を抜いて、「地震、雷、火事」

になったらしい。家へ帰ってもよく「親父抜き」となり、話題に上らず、相談にも与《あずか》らなくなったようだ。しかしこれはよくない現象で、危険視しなくてもよいが、親父に相談をすることは、とても大切である。

私は各地の本部直轄練成道場で〝質疑応答〟の時間を設けているが、その時の質問にも、よく〝親父抜き現象〟が出て来る。私が質問者に、

「それであなたのご主人は、何とおっしゃっていますか？」

ときくと、

「主人ですか……　サア……」

という奥さんが、沢山おられるので、アーやはり〝三嫌い〟かなと感じた次第である。

「嫌いではない」なら少し明るい気持になれるだろうが、やはり「無視される」と具合が悪い。何故なら、主人というのは「中心者」の意味もあるから、「中心者抜き」ではその家庭や組織は崩壊する方向に進む。家庭での子供の教育の失敗は、大抵の場合「父親抜き」で処置しようとするからであり、会社でも国家でも「中心者抜き」であったりすると、弱体化すること必定である。

何のための人生か

ところが最近は、夫が単身赴任で家族と別居し、たまに家に帰ると、何となく「居場所がない」ような気持で、家族の誰かに不安定な状態や病気が発生するという場合が出て来だした。そこでなるべく、夫婦は同居することが望ましいが、子供が学校に行っている場合、転校しなければならなくなるだろう。こうして色々と複雑な問題が生じ、一時的には夫が別居という場合も出てくる。

しかしそのような時でも、心の中では「夫婦一体」の気持でくらし、発達した通信手段を使って常に相談し合うような「心の一体感」が必要である。夫もまた家族とバラバラな心ではなく、よくお互いに話し合って、「独断専行《せんこう》」をさけ、調和した明るい豊かな心で生活することが大切である。

例えば平成十三年十月二十日に、総本山の団体参拝練成会で、北海道小樽市祝津《しゆくつ》三丁目に住んでおられる布施孝志《ふせたかし》さん（昭和三十一年九月生まれ）が、こんな体験を話して下さったことがある。

布施さんは平成十一年まで、二十五年間あるゼネコンに勤めていた。ところが当年の九月九日は布施さんの誕生日だったが、その日から会社に出勤できなくなったというのだ。

ゼネコンの仕事は、工場生産ではなく、現場生産だから、発令されると全国どこへでも出張する。彼は北海道だったから、稚内から函館、帯広方面へとよく回った。聖子さんと結婚した時は三十歳だったが、子供が小さいうちは家族を連れて道内あちこちに移り住んだのである。

ところが子供たちが幼稚園に行くようになると、妻子は実家にもどって、孝志さん独りが〝単身赴任〟することになった。すると生活の様子がすっかり変り、十数年たった。そして四十二、三歳となり、現場一つ持たせられる〝所長〟の役柄となった。すると会社としては「営業利益」を求めるし、現場では「安全第一」を求めなくてはならない。工事日程も何年何月何日までと厳しく要求される。そこで〝突貫工事〟をしなくてはならなくなるのである。

そのためか布施さんは現場の所長を勤めているうち、「人間は何のために生れて来たのか」と思い出した。当時下の子は小学五年生で、上の子は中学一年生だった。たまに家に帰ると、嫁姑の仲がゴタゴタしている。彼は長男だから、どちらに味方する訳にも行かない気持だ。一週間か二週間くらいは週末に帰宅すると、家の中で主人の座が〝脱落している〟感じであった。

しかも母のヨシエさんは、ずっと以前から「生長の家」を信仰しておられて、人間・神の子、病気も悩みも争いもないのが「本当だ」と知っておられた。彼はその話を高校二年生のころから聞いていた。しかし妻である聖子さんは、なかなか生長の家を信ずることが出来なかったようだ。こういう現象はよくある。時には別の信仰を持っていて、大いに混乱することもあるが、幸い布施さんの家ではそうではなかった。しかし嫁姑の考え方のくい違いがある。そして聖子さんは、

「おかあさんの言ってることと、やってることとは、違うよ」

などと批判する。孝志さんはいつも不在勝ちだから、そうだともそうでないとも断定できない。しかし自分の母親のことだから、悪く言われると面白くない。会社に出勤して所長として働く時は、利益と安全との矛盾した要求で悩まされ、家でも悩み、仕事場でも苦労した。そこで「一体自分は何のために生きているのか」……と思い悩むようになったのである。

神が中心にあるとき

こうして孝志さんは、生徒たちによくある〝登校拒否〟のように、会社に行けなくなっ

てしまい、一ヵ月ほど出勤拒否をして、現場の寮に居続けた。すると一ヵ月たってから、やっと本社から部長が、心配して訪ねて来た。しかし家族の誰にもこのことは知らせてなかった。毎日ウツウツとして暮らしたからウツ病だろう。十月の八日になり三連休になったので、その前日孝志さんが家に帰ると、聖子さんの実家の母が来ておられた。部長からは何かの知らせがあったらしい。そこで心を決めて奥さんに、

「会社をやめていいか」

ときいたのである。五年前に家を新築したから、その件も心に掛かっていた。だから奥さんが「あんた、この家をどうするの」といって反対するだろうと予想できた。ところが聖子さんはこう答えた。

「ああ、あなた、一年半、ゆっくりしなさい」

と。彼は身心ともに疲れ果てていたので、ありがたいと思い、早速会社をやめることにした。これは奥さんの心が、夫の心と離反せず、一つ心になっておられた証《あか》しであろう。姑さんの「生長の家」が、いつしか奥さんにも少しずつ伝わっていたのに違いない。

その休息の間の平成十二年の団参の時、生長の家の小樽教区の目等《めら》教化部長さんから一通の葉書が来た。そこには「もう布施さんには、すばらしい仕事が見つかっていますよ。

安心しなさい……」というようなことが書いてあった。彼は、「いや、教化部長というものは、勝手なことをおっしゃるものだ」と思ったが、そのうち、夏の小中学生の練成会とか、冬の練成会のときには、「ちょっと手伝って下さいよ」と言われた。

そこで布施さんは仕方なく、生長の家の練成会の手伝いに出かけた。するといろいろな小、中学生が集ってくるので、彼らと共に遊んだり学んだりしていると、

「これらの子供たちに真理を伝えるということは、人間としてとても嬉しいことだ」

と気がついたのである。こうして平成十三年になると教化部長から、「教化部に勤めないか、給料は安いけど」という話が出た。そこで、

「私はお金も、地位も、名誉も、いりません。生れた時も、死ぬ時も裸ですから」

といって就職する内意を伝えた。すると教化部長さんは、「奥さんとも会わせて下さい」という。そこで孝志さんが聖子さんに一応打診してみると、

「あなた、神様から頂いたことですから、行くなと言っても行くでしょう?」

といって、気持よく賛成され、四月から小樽の教化部職員として勤務することになり、団参で以上のような体験談を述べられたのである。この例でも分かると思うが、ご主人が不在となったり、身も心もすっかり落ち込むようなことがあっても、それに代る「神への

信仰」がある場合には、その信仰が正しいかぎり、必ず〝よりよい現象〟が現れて来て、親子、夫婦の大調和の家庭が出現するものである。

ところがこのような正信や中心が欠落したままであると、その家庭や団体や国家は〝崩壊〟への道を辿《たど》ること、原子核の中の核が破壊された時の状態と同様の結果となるのである。

宗教がちがう

さらに又、次のような実例もある。同じく平成十三年十月二十日の総本山での団体参拝練成会の時、岐阜県各務原《かかみがはら》市に住んでおられるとも子さん（匿名希望者・昭和三十六年四月生まれ）は、十代後半に「生長の家」の教えにふれ、一般練成会にも参加しておられたということだ。

ところが平成四年にHさんと結婚し、現在の家に住むようになったが、新婚早々いろいろな問題に直面して苦しんだ。というのは、嫁ぎ先のHさん一家はある宗教にとても熱心で、ことに姑さんがその教えの幹部だったので、とも子さんが嫁いで一ヵ月ぐらいたったころ病気で入院したのをきっかけに、その宗教を信ずることを強く求められた。

例えばその教えでは、因縁因果を強調し、そこから逃れるために金銭的に大きな負担をしなければならないという。夫と二人でやれと言われるが、とも子さんはやればやるほど心が暗くなり、憂鬱《ゆううつ》になる。そして最初は夫と仲が良かったのに、次第に夫との間もこじれて来た。そんな時とも子さんは妊娠していた。

するとお姑さんはその宗教のところに泊り込み、三ヵ月間は帰宅されなかった。とも子さんの実家は遠い上に、夫は会社の仕事が忙しく、相手にされないので、毎日嘆き悲しんで泣いていた。そのため八ヵ月で赤ちゃんは胎児死亡してしまった。すると姑さんは、

「赤ちゃんが死んだのは、あなたの身体が弱かったせいだ」

といって責められる。さらに姑さんが入院手術ということになった時、親戚中の前で、

「長男の嫁だから付き添うのは当り前だ」と言われた。そこで付添いをしても、何一つねぎらいの言葉をかけて下さらない。とも子さんが病室で『白鳩』誌を読んでいるのを見たらしく、舅さんから、

「うちは○○教だから、そんな妙な宗教なんかやるな！」

と怒鳴られた。夫は不在に近く、舅は生長の家に反対される。姑は○○教の幹部である。とも子さんは姑が入院された時も、一週間付添って一所懸命お世話したつもりだ。舅

から怒鳴られると、悲しくて情けなくてたまらなかった。泣けて仕方がなく、手のふるえが一週間くらいも続いた。宗教の違いは、このように家族を苦しめることもある。

神を信ずるとき

しかしとも子さんは、立ち上がることができたのである。それは彼女を導いてくださったI講師さんのご愛念であり、色いろの行事に彼女をさそって、励まして下さったからだ。夫（Hさん）にも感じよく接触して話して下さっていた。とも子さんが流産した時にも、わざわざ見舞いに来て下さり、「明るく生活し、生長の家の教えを信じていたら、きっと良い事になりますよ」とやさしく教えて下さっていた。

そこでとも子さんは「神想観」をし、和解と感謝の「お祈り」をし、できるだけ明るく調和した生活をすることを心がけた。するとある日、夫がこう言われたのである。

『とも子には「生長の家」をやるのが、一番いいね』と。

それはとも子さんにとって、一番嬉しいコトバだった。夫からおゆるしが出たように思ったのだ。そこでI講師宅の「誌友会」や「先祖供養祭」「母親教室」や講演会にも出席しはじめた。

すると次第に舅さんや姑さんにも感謝できるようになり、平成七年になると、やっと長女を出産することができたのである。りなちゃんと名づけ、平成十三年当時六歳になっていて、とも子さんと一緒に総本山に来ていたが、とも子さんは次のように話されたのである。

『小さい時から生命学園育ちのはるかちゃん（I講師のお孫さん）はすばらしく、りなも生命の教育で明るく、のびのびと育ってくれたら、有り難いなと思っています……万教帰一のこの生長の家の御教えがある限り、私は明るくがんばって行けると思います。そして主人や父母にも感謝一杯で、大調和できると思います。

　実はこの体験発表のお話を頂きましてから、私の心境が変わったのでしょうか。今までは何をやっても実の娘がよくやっている、私は何をやっても長男の嫁だから当り前だと言われて来たのですが、九月の末に主人の方の家が古くなり、壊して建て直す時、二日間手伝いに出掛けました時、主人の父が、はじめて「ようやってくれた、本当によくやってくれた」とおっしゃいましたので、その一言が本当に嬉しかったです。

　そして宗教の方も、主人が間に入ってくれまして、りなが幼稚園にあがる少し前に、宇治の別格本山の一般練成会の〝先祖供養祭〟に、お姑さんが一緒に行って下さいまして、

「生長の家の教えも、とてもすばらしいから、あなたはそちらで頑張りなさい」と理解して下さいました』

と話しておられ、母親教室に通ってこれからはリーダーをさして頂き、一人でも多くの若いお母さん方にこの「生長の家」を伝えたいとの決意を述べられたのであった。

このようにご主人が不在の時も、しっかりとした正しい信仰を堅持し行じ続ける限り、いつしか不在が顕在となり、大調和の生活が訪れるものである。

＊秋季大祭＝毎年、生長の家総本山で十一月二十一日に龍宮住吉本宮秋季大祭と龍宮住吉霊宮秋季大祭が行われ、翌二十二日には谷口雅春大聖師御生誕日記念・生長の家総裁法燈継承日記念式典が執り行われる。

「無限」を生きるために

分からないことがある

二十一世紀という新しい時代が始まってからも、いつしか年月が流れ去り、平成十五年という西紀二千三年がもう始まった。幸い私も十四年十月二十三日に満八十三歳を通過したから、やがてこの現世から立ち去るときを迎えるであろうが、果してそれが何時《いつ》になるかは分からない。分かった方がいいか、分からない方がいいか……私は分からない方がよいと思うのである。

何故ならこの現象界は、芝居の舞台のようなもので、芝居の筋書きでも、テレビ・ドラマにしても、筋書きの最後は分からない方が面白いだろう。中には最初から、「この人はこうなってこういう所で、こんな風にして死ぬ」と分かっていても、熱心に何回でも見に行くような〝名作の芝居〟もあるが、私の人生はあまり〝名作〟でもなく〝古典劇〟でもないから、分からない方がよかろうと思うのだ。考えてみると、世の中には「分からないこと」が一杯ある仮りの世界である。

昔中川一郎さんという政治家がおられたが、その中川さんはある日、突然私宅の玄関まで来られたことがあった。だいぶ昔のことで、詳しいことは忘れたが、何か政治上の問題で、だいぶ悩んでおられた様子だった。そして「練成道場で練成を受けたい」と申し出られたのである。しかし結局練成会には来られず、そのまま北海道に旅立たれ、しばらくして札幌のホテルで自殺した（とされている）。

その当時の中川代議士の筆頭秘書が、今しきりに話題に上っている鈴木宗男氏で、この時の彼と中川一郎さんとの激しい闘争の様子が『文藝春秋』の平成十四年の八月号に、中川夫人（貞子さん）と加藤昭氏との対談として収録されている。中川夫人は一郎氏の「宗男に裏切られた」という激しい苦悩を、最も身近で見聞しておられた方であり、貞子夫人は夫の死が「自殺」ではなく、「他殺」であったと、今も信じておられるようである。中川氏の死体が発見されたホテルには、秘書たちの他に、もう一人たくましい大男がローカにいたと夫人は述べておられる。一郎氏の死体の様子は首吊《つ》り自殺ではなく、他殺された後運ばれて、偽装したものだというのである。

このような事件も、ある種の政治力で、その真相が蔽い隠されるかも知れないが、時効という法律上の規則もあって、現実的には「分からないだろう」と言えるのだ。

法則がある

しかしいかに多く分からないことがあるにしても、この現象界にはハッキリとした「法則」があり、それを「因縁果の法則」「業の法則」さらに「心の法則」と言う。ある原因(因)と助因《じょいん》(縁)とから、結果が生ずる法則であって、これが現実界を貫徹して霊界にも及んでいる。従っていつの世にかどこかで、その果がある因の結末をもたらすのであって、決して不公平な世界ではない。

このことさえ信じることができ、さらに神の創造し給える世界(神の国)は完全円満・大調和であるという確乎とした信仰を持てば、「肉体がいつ死ぬか」など分からなくても、決して不幸ではなく、面白い人生だと言えるであろう。しかし「分からない」ということは、現象界の知恵では分からないというだけで、創造神の本質としての「法則」が失われたのではない。即ち『甘露の法雨』に記されている如く、

『創造の神は
五感を超越している、
六感も超越している、
聖
至上
無限
宇宙を貫く心
宇宙を貫く生命
宇宙を貫く法則
真理
光明
智慧
絶対の愛。』
なのである。そこでこの現象界を五感、六感で感ずると、絶対不変なものと、変化無常なるものとが混在しているように思われるのだ。所謂《いわゆる》道徳でも正義でも、時代によって変化することもある。仇討ちもかつての時代には正義であったが、現代でこれをやると、忽《たちま》ち不正な行為として処罰されたりする。

その他吾《われ》われが日常生活で使う家具や機械でも、現在いかに立派に機能していても、時が経つと使えなくなるものが沢山ある。最近私宅で使っていたCDラジカセも、十五年ほど前に買ったある会社の製品は「部品がもうない」と言われて、買い替えることになった。

しかし同じころに買った同じような別会社の製品〝パーソナル・オーディオ・システムZS66〟なるものは、部品があったらしく、数日で修理してもらえた。カセット・テープの部分が動かなくなっていたのだが、内部の回転伝達用のゴム輪が伸びてしまっていたのを、取り替えてくれたのであった。その上今まで進みすぎていた時計が正確になって返ってきたのは有り難かった。

修理が利《き》くと利かないとでは、大変な違いがある。ライカというカメラが世界的に有名なのは、古い部品がいくらでも用意されているからだという話だ。私もかつてライカの原始的な〝単独距離計〟（十センチ以上もある）を使ったことがあり、MⅢAのボディやズマール・レンズも使った事もあるが、中古品でも立派な機能を持っていて、値段も高かった記憶がある。

新旧の両価値

私が昔古い型のカメラ（四ノ五判や六九判など）を使っていた話は何回も書いたが、今は手許になくなってしまった。古い物も好ましいが、新しいものも好ましいのは、赤ん坊も老人も有難い存在で、どちらが欠けてもその国は滅んでしまうようなものである。そんな固苦しい理窟からではなく、古いフィルム（銀塩）式カメラが重くなったので、最近とうとうデジタル・カメラに買い替えたからだ。

デジ・カメというと、簡単で手軽くて、近ごろはケータイ電話にも付いたのが出回っているが、これでは印刷には向かないので、多少大きくても最近発売された新製品を買った。これは六百万画素以上あって、印刷してもA３用紙くらいまで拡大できるので、大変重宝している。しかし新しいものは将来どこまで発達するか分からないが、同時に古いカメラも出来るだけ存続することが望ましい。そのため製造会社には新しい開発能力と、古い製品の修繕能力との両者が望まれるのである。例えば平成十四年四月一日の『毎日新聞』には、北九州市若松区に住む永田孝代さん（61）の、次のような投書がのっていた。

『近くに家電の修理専門店がオープンした。以前からワープロの印刷の調子が悪く、掃除機もスイッチが不良だったので、思い切って修理に持ち込んだ。

ワープロは印刷用紙を取り込むセンサーがなくなってしまっていた。早々に部品を取り寄せてもらう。掃除機は「本体のモーターはまだ大丈夫」とのことで手元スイッチの付いたホースを取り寄せてもらった。

5日ほどで無事、修理完了した。修理代はワープロ1万円、掃除機4500円と買い替えるよりも安く済み、便利な専門店ができたとうれしかった。

両方とも愛着のある道具だけに捨てるのはもったいないと思っていた。捨ててしまえば結局、ごみを増やすだけでしかない。修理専門店ができ、部品を取り換えるだけで、元通り使用できることは大変いいことだ。何よりもごみを作らなくてよかった。』

故障が少なくて、長持ちがして、修理が利く。しかもより一層すぐれたものが開発されてこそ、「神の子・人間」の本質「無限力」が現成してくる姿だと言えるであろう。しかしそのためには、「古物」に執着しても、「新品」に執着してもいけない。何故なら「執着」という心は、神性・仏性に反するからである。その点を釈尊は「執着を捨てよ」と教えられ、「慈《じ》・悲《ひ》・喜《き》・捨《しゃ》」の〝四無量心《しむりょうしん》〟を教えられたのである。

この捨徳《しゃとく》に気付かせてくれるために、時には「失敗」や「故障」が役立つこともある。例えば平成十四年七月十八日の『毎日新聞』には、兵庫県西宮市の丸尾玲子さん（66）の、次のような投書がのっていた。

『昨秋、ノートパソコンを購入し、毎日のように操作していましたが、急に動かなくなりました。幸い、「パソコン保険」に入っていましたので、買った店に修理を頼みました。「1ヵ月くらいかかります」と言われましたが、「引き受けてもらっただけでもいいか」と帰宅しました。

「時代の波」に乗り遅れまいと、パソコンを使い始めました。確かに、時間のたつのも忘れてしまうほど面白いし、何より、頭の体操にはなります。

しかし、こうして手元にパソコンがなくなってみますと、時間がゆるやかに過ぎていくことを実感できます。

朝の片付けが終わると、メールのチェックが日課でしたが、その必要もなく、ゆっくりと新聞が読めます。今となると、果たして重要なメールは、何通あったのかと思ったりしています。ホームページを見なくとも、別に不自由は感じません。

今では、パソコンが手元に戻るのが待ち遠しいような、そうでもないような気持ちでいます。』

神は戦いを造らず

しかし「何を捨てるか」が問題で、大切な「実在者」(本質)を捨てるのではなく、もっと別の「仮相」を捨てるのである。名誉や地位や財産などは「仮相」に属するが、「税金」となるとこれを無闇に捨てられたりすると困りものだ。〃税金の無駄遣い〃をしながら、「捨徳を実行いたしまして」などと言うわけには行かない。平成十四年七月十五日の夕刊各紙に報ぜられた〃次世代超音速旅客機(SST)〃の開発のため、日本の航空宇宙技術研究所が、オーストラリアで打ち上げた飛行実験の失敗は、「捨徳」とは縁がなかったようだが、教訓にはなった。

これはエンジンの無い、無人実験飛行機(重量二トン)をロケットで高度二万メートルまで打ち上げ、それを切り離してマッハ二(時速二千キロ)で滑空させ、将来、東京ニューヨーク間を六時間で飛行するためのデータを取得しようというユニークな実験だった。ところがこれが失敗したのは、打上げロケットのボルトが外れて、ロケットに乗せてあった滑空機本体が途中で落下したからだと言う。つまり新製品の自動車を積んだ運搬用トラックの荷くずれで、新品自動車が忽ちダメになったようなものである。しかしこの新製品の滑空新飛行機は、日本国民の税金で作られたものだから、ボルトでもネジでも心を込めてシメ上《あ》げてもらいたいものである。七月十九日の『読売新聞』には、こう書かれていた。

『(前略)実験機にはエンジンがなく、ロケットに搭載して高度一万八千メートルまで打ち上げた後、分離する予定だった。実験機は、鋼鉄製のボルト四本(最も細い部分の直径十二・七ミリ)でロケットと結ばれていたが、発射の瞬間に切り離され、実験機は地上に落ち、ロケットも十三秒後に墜落した。

ボルトを切断する火薬は発射後約一分十一秒後、地上一万八千メートルで機体が水平になってからロケット側のコンピューターからの指令で点火するはずだった。同研究所はこうした情報をきょう十九日に開かれる原因調査委員会に提出する。』

このようにして観点を個人から国家にまで拡大すると、負けると分かっている無駄な戦争で、多数の国民の生命を捨てさせることは、〝税金のムダ遣い〟どころの騒ぎではないことが分かるのである。しかるにかつての大東亜戦争(太平洋戦争)では、それが分からない人が沢山いたのである。分かっていた人もいたが、次第に分からなくなってきて、遂《つい》には当時のマスコミは口をそろえて「鬼畜米英をやっつけろ！」と叫び出したのであった。「コトバの力」というものは実に巨大であり、全ての現象を支配してしまう。そこで国家となると少数者がいくら正しいコトバを叫んでも、多数者が「戦争をやれ」とか「やっつけろ！」と叫び出すと、それがたとえどこかの圧力で宣伝されたからといっても、その弁解が利かなくなるのだ。

しかしあの戦争では、満州事変、支那事変のころから、「やめなさい」と強く主張された第一人者は昭和天皇陛下であった。二・二六事件の時から、当時の陸軍は彼らを中なか反乱軍とか暴徒と認めようとしなかったが、天皇陛下は直ちに反乱軍と認められ、自らが近衛兵を指揮してでも鎮圧しようとなされたのであった。

戦いは不可能

さらに大東亜戦争になるような時でも、昭和天皇陛下は前々から「平和」を強く求め続けられていた。しかしその御心を知る者が少なく、ごく少数の人々しか対米英戦に反対するものがいなかったのである。この少数者は主として海軍の上層部だったが、前にも述べたことがあるように、米内光政、山本五十六《いそろく》、そして井上成美《しげよし》などの提督たちであった。

その主旨は、「日本海軍はアメリカと戦うように作られていない」という原則によるものだ。つまり日本国で使う石油は、アメリカから輸入していた。それをいくら貯蓄していると言っても、全艦を動かすには一日一万トンの石油がいり、せいぜい六百万トンしか蓄えていない。従って一年半か二年くらいで軍艦も飛行機も動かなくなる。だから一年半か二年の間に和平に持ち込まなくては、絶対にダメだというのである。

この間《かん》の事情について阿川弘之《ひろゆき》氏著述の『井上成美』(新潮文庫)には、次のように記してある。(二四二頁以下)

『三国同盟承認に関する大臣説明会へ出席のため、昭和十五年九月初旬艦隊から上京した山本五十六は、近衛首相のたっての希望で、荻窪《おぎくぼ》の近衛私邸荻外荘《てきがいそう》を訪れ、面談二時間余に及んだ。その席上、日米戦争になった場合海軍の見通しはどうかと聞かれて、山本が、「それは、是非やれと言われれば、初めの半年や一年はずいぶん暴れて御覧に入れます。しかし、二年三年となっては、全く確信が持てません」

と答えたのは、戦後出版された山本伝に必ず載っている有名な話で、私などもすでに知っていた。これについて意見を求めると、井上が、

「失敬ながら、山本さんいけません」

と言った。

「近衛という人は常に他力本願で、海軍に一と言やれないと言わせれば自分は楽だという考え方なんです。それに、山本さんとしては、聯合《れんごう》艦隊の司令長官が対米戦争をやったら日本の負けと考えていることを、部下に知られると困る。具合が悪いですよ、そりゃあ。連日連夜猛訓練中の艦隊の士気が、一ぺんに沮喪《そそう》してしまう。だから、さぞ言いにくかったろうし言いたくなかったろうと察するけれど、それを押して、艦隊将兵四万への気兼ねも捨てて、敢《あえ》てはっきり言うべきでした。(中略)総理、あなた三国同盟なんか結んでどうする気か、あなたが心配している通りアメリカと戦争になりますよ、なれば負けですよ、やってくれと頼まれても、自分には戦う自信がありません。対米戦の戦えない者に聯合艦隊司令長官の資格無しと言われるなら、自分は辞任するから、後任に誰か、自信のある長官をさがしてもらいたいと、強くそう言うべきでした。かねがね私は、山本さんに全幅の信頼を寄せていたんだが、あの一点は黒星です。山本さんのために惜しみます。』(二四四頁)

捨徳のむつかしさ

以上は阿川氏が戦後、当時神奈川県の長井町を訪れて聞いた昭和三十九年の四月の記事であり、井上さんは昭和十年に海軍少将となり、米内海相、山本五十六次官と共に、井上軍務局長として活躍し、三国同盟阻止に全力を尽した人たちだ。勿論《もちろん》強固な対米戦争反対論者であった。

しかし果して山本五十六長官が捨て切られたとしても、山本長官以外に、誰が自信をもって対米戦をやり得たかというと、全く疑問である。そして近衛首相も「ではおやめなさい」とは言わなかった、いや言えないような人だったろう。それは「捨」がいかに難しい人生課題であるかを物語っているとも言えるのだ。当時山本次官には右翼の人びとからひっきりなしに脅迫状が届き、面会者が訪れたことも有名だった。そこで米内海相は山本次官が殺されないようにと、連合艦隊司令長官として海上に送り出したと言われている。

しかしながら対米開戦阻止に力を尽されたお方の第一は昭和天皇陛下であり、その意味から米内大将に対するご信任は極めて厚かったことはかつて記した通りである。それ故天皇陛下という日本国の中心者に帰一する心が、一般国民にもっと拡《ひろ》がっておればよかったし、ことに陸軍の各層に浸透しておればよかったが、それに反して、表面的には帰一しているが如くして、実は自己の体面や偏見や世論と称する〝仮相〟に引きずられていたのが実状であった。

従って「中心帰一」ということは、単なる一部局の中心者に従うということではなく、「神意に帰一する」ということであり、天皇陛下の御心は常に「神意にご帰一」であり、単なる政治の中心者というよりは、最高の「祭司者」としてのお役であったからこそ、現実にも代々の天皇陛下が〝万世一系《ばんせいいっけい》〟という永遠性の体現者でもあらせられた所以《ゆえん》である。

しかも昭和天皇は、ついに終戦を決意され、かつマッカーサー司令官に面会を求められ、ご自分の生命と財産全てを司令官に呈出《ていしゅつ》して、国民の生命と安全とを求められた。これはまさに「捨徳」の実践であり、天皇の天皇たる真理現成《げんじょう》であったと言うべきであろう。しかも現在の日本国民にはこのような「捨徳」がほとんど言及されることもなく、慈・悲・喜・捨の四無量心はまことに軽んじられている。そこで唯物論者の集団では、未だに社会主義的「共和国」が歴史の趨勢《すうせい》であるなどと主張する古くさい迷論に引きずられ、全ての集団が〝自己拡大〟や虚名の保持に主眼を置き、小さな善行や、他の生物への愛念すらもおろそかにする。そして折角《せっかく》の大樹を伐《き》り倒して地下鉄工事に熱中し、隣家の庭の大樹すら「落ち葉がきたないから、伐ってくれ」などと注文をするのである。

偏見を捨てること

さらに又井上成美大将は、早くから「戦艦は航空機の敵にあらず」と主張し、海軍の大戦艦製作にも反対であり、戦艦「大和」が大破して修理にドック入りした時も、修理のドックを群小艦の修理の方に力を入れるように指導したこともあった。

しかも海軍兵学校長時代の井上中将（当時）は、海軍での英語の使用をどこまでも押し進めて、将来の日本国民の偏った狭い見解を抑止しようと努めた。阿川氏の『井上成美』にはこう書かれている。

『（前略）世間ではそのころ、井上の語学教育重視意見と反対に、日本精神作興敵性国語排撃の声が一段高まって来た。大日本体育会がラグビーを闘球、ホッケーを杖球《じょうきゅう》、ゴルフを打球と改め、日本野球聯盟が規則委員会の決定に基いて審判用語を日本語化するのは、いずれも此《こ》の年の三月初旬である。「ストライク・ワン、ストライク・ツー」は「よし一本、よし二本」となり、「ストラック・アウト」なら「それまで」、ベースでのアウトが「ひけ」と変った。（後略）』（三八六頁—三八七頁）

海兵の入学試験でも、英語の試験は廃止しようという意見が海軍省の教育局からも出た。陸士で英語を廃止したから、軍人志望の好少年が海軍を避けて陸軍に流れて行く傾向があるのがその主な理由だった。しかし井上校長はこの意見に反対した。自国語一つしか話せないようなものが、一人前の海軍士官として、世界では通用しないというのが反対の理由である。

即ち井上成美校長（海軍最後の大将）は、人間の無限力を制限して、小細工をして見せかけの愛国軍人を作ろうとしても、そんなことでは将来の日本人がダメになるばかりだという強い信念の持主だった。従って現役時代から彼自身も和服に袴《はかま》でピアノを弾いたし、ギターも琴も演奏した。終戦後海軍が解消し、一民間人となり長井に隠棲《いんせい》してからもピアノを弾いたものだ。他人から金銭的な援助を受けることをひどく嫌ったので、一時非常に貧窮したこともあったが、一生涯を清潔に送り、日本国の終戦にも力を尽し、満八十六歳となった昭和五十年十二月十五日の午後、『衰えた脚で独りベランダへ出て、大分長い間冬の海を眺めていたらしい。気づいた富士子（後妻さん）が驚きの声を挙げ、手を貸してもつれ合うようになりながらベッドへ連れ戻した。そのあと間もなく、自然に息を引き取ったということであった』（『井上成美』・五七五頁）

死去された時刻は十五日午後五時五十五分だったという。葬儀は十七日、近くの勧明寺で行われた。遺志により戒名はつけず、供物等はすべて辞したが、『陛下からの祭粢料《さいし》がただ一つの例外で、祭壇正面に飾ってあった』（五七五頁）と言う。死後井上提督の蔵書の中にはキリスト教の聖書などが沢山発見され、中には赤線や青線が引かれ、多くの書きこみもされていたということである。

「神の愛」と精神力

戦車兵

最近は科学が発達してきた関係で、立派な機械が開発されるようになった。今後はますます多種多様なものが発明され、製品化されるに違いない。そしてこの事実は人間の創造力の偉大さを示すもので、決して抑制すべきものではない。しかしこの機械やロボットを使う者は、あくまでも「人間」であって、主人公は人間である。しかも人間の〝肉体〟も、人間の魂（霊）の使う道具であり、〝機械の一種〟であるから、その大小優劣は、「霊性人間」の優劣を直接表現するものではない。

それ故たとい弱小な機械や乗物を使っていても、その人の人格が劣っているとか、その人の霊性の弱さを示すものではないはずだ。しかしもしその人が小さな機械、たとえば小型のミニ・カメラを使って、大型カメラと同じ精密な大画面を得ようとするならば、いくら高度の人格者や霊性の人間であっても、その希望や計画は実現しないのである。それを〝精神力〟や〝愛国心〟で補おうとしても、ダメなことぐらいは分かるであろう。もしそれが分からぬと主張し、〝精神力〟がカメラの性能までも補いうると考えるならば、その人の智能開発の程度がまだ未熟であると判断せざるを得ないのである。

ところで平成十三年八月二十一日に、私は母方の従兄《いとこ》に当たる丹羽弘治氏の葬式に行って、その老衰死した姿にご冥福《めいふく》を祈って辞去したが、この丹羽氏のことは昭和六十三年の『生長の家』誌*にくわしく書いたから、お読みの方もおられるだろう。彼は私より八歳歳上で、ご夫妻ともに生長の家をよく理解しておられ、時々来宅されたりした人である。（平成八年一月号の『光の泉』誌にも紹介）

そこでごく簡単に説明すると、彼は大学時代サッカーのゴールキーパーとして活躍し、結婚当時は南洋興発株式会社の社員として、日本統治領だったマリヤナ諸島のロタ島に勤務していた。又召集されると幹部候補生として、甲種合格となり、「戦車兵」として入隊したのである。当時日本では戦車部隊は極めて少なく、〝虎の子〟のように目《もく》されて、必ず最前線に送られたものだ。従って彼も満蒙の奥地に送られたが、甲種幹部候補生だったたので、一年間で少尉に任官して、内地に帰って来た。しかし乙種幹候は二年間勤務で下仕官になるという制度だった。

そこで昭和十四年（一九三九年）五月十一日に一年の訓練を終り帰還のため鉄道の駅に着き、プラットフォームで列車の来るのを待っている時、有名な〝ノモンハン事件〟が突発した。そして、彼の属していた戦車隊は忽《たちま》ち壊滅してしまうほどの激戦が始まったのである。だから彼の上官や乙種幹候の戦友たちの多数は戦死した。

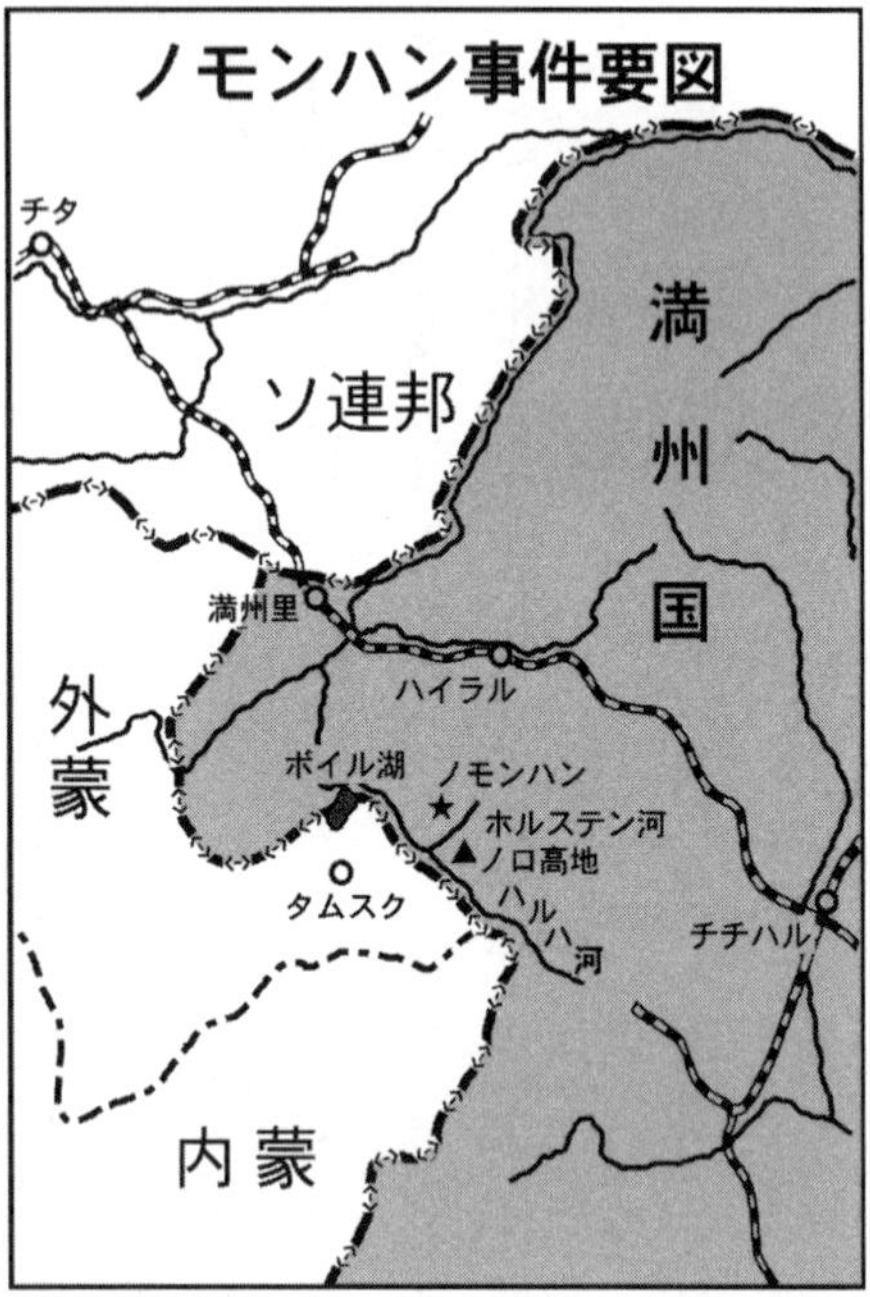

ノモンハン事件

ところでノモンハン事件というのを一応説明すると、『毎日新聞』が出版した『一億人の昭和史』という本の第二巻に、〝ノモンハン事件要図〟として当時の地図がのっていた。（上図）そのころの満州国とソ連邦との国境あたりだが、満州と外蒙古との国境でもあり、ボイル湖の近くだ。

さて日中戦争が泥沼状態に入った昭和十四年五月十一日に、ハルハ河で日ソ両軍が衝突したのである。現地に派遣されていた東八百蔵中佐が指揮する騎兵連隊が戦い、全滅に近い打撃を受けた。外蒙古とソ連軍とから、日本軍の後方を爆撃された。大本営はこの戦いに反対したが、在満の関東軍はその命令に従わず、六月二十七日にはタムスクへ空襲を強行した。こうして七月一日から地上戦に突入し、ソ連の新型戦車が大量に押し寄せ、日本軍は火焔ビンでの肉薄攻撃を行い、こうして八月末には小松原道太郎中将の指揮する第二十三師団はほぼ全滅し、戦死者八千四百四十名を出し、九月十五日にやっと停戦した事件である。当時の日本軍はソ連軍の五分の一の劣勢で、戦車隊の大差による敗北だ。そのころの日本軍にも僅《わず》かな戦車隊があったが、両者の〝機械〟にはやはり大差があった。

この点について司馬遼太郎氏は『歴史と視点』という本（新潮文庫）の中でくわしく書いておられる。その「戦車・この憂鬱な乗物」という章で、私は司馬さんが戦車隊員であったことを始めて知った。その頃は太平洋戦争（大東亜戦争）中だったが、彼は大阪の本籍地で徴兵検査をうけ、甲種合格となり、「戦車手」という通知書をもらったという。彼の友人は、その紙片を見て、

「戦車なら死ぬなぁ、百パーセントあかんなぁ」

と言った。戦車は軍の先鋒《せんぽう》をひきうけるから、敵はそのあたりに火力を集中して潰《つぶ》そうとする。しかし戦車は飛行機のように自由には動かない。戦車兵の戦死は、敵の徹甲弾が横っ腹を打ちぬくと、

『車内できりきりとミキサーのように旋回するため乗員の肉も骨もこまぎれになり』

挽肉《ひき》のようになるというのである。

彼は兵庫県加古川の北方の青野ヶ原にあった戦車第十九連隊に初年兵として入隊した。その時学生であることを停止された初年兵は三百人いたが、そのうち二人ぐらいが自動車の免許証をもっていた。しかもみな大学の自動車部でトラックの運転をしていた連中であったから、大部分の初年兵はキカイのことなど殆《ほとん》ど知らない。学校の前の道を通るのは市電と、馬車であり、トラックなどめったに通らなかったし、乗用車はダットサンしかなく、トラックはすべて外国製であった。昭和十年代のはじめに国産の軍用トラックができ〝自動貨車〟とよばれていた（三十頁）。昭和十三年にはじめて満州で〝自動貨車〟による輜重《しちょう》部隊ができた。そして翌年に起ったノモンハン事件のとき、実戦に登場して、死体運搬に役立ったというのである。

負ける戦車

このような機械文明の未発達状態で作られた日本の戦車は、〝致命的欠陥〟を持っていたという。昭和十四年のノモンハンで戦った主力戦車は「八九式中戦車」と言い、大正十四年に設計され、

『それが昭和十四年のノモンハンの草原に現われ出たときは、ソ連のBT《ベーテー》戦車に対してなすところを知らず、戦場に姿を露呈していること自体が悲劇的なほどに時代遅れの戦車になっていた』（三十四頁）

というのである。エンジンも操縦装置も優秀だったが、直径五十七ミリの砲身が短すぎで、敵戦車の鋼板を貫徹する力が全くなかったし、八九式戦車の鋼板があまりに薄すぎて、敵の砲弾はどんどん貫いてきた。『攻撃力も防御力もないというのは、戦車ではなくオモチャであった』からだ。しかし外見だけは堂々としていて、甲冑《かっちゅう》武者のようだったということ。

当時の日本の技術では軟鋼板しか作れず、〝チーズの戦車〟だったとも書いてある。この戦車が、「満州事変（昭和六年）では活躍した」と宣伝されたが、何台かは走ったらしい。

さらに陸軍の高級将校でも自国の戦車をみたことがないという人がいくらでもいた。

このように、弱い者を強く見せかけ、それで国民の意気を高めようと計るのは、「光明思想」でも何でもなく、インチキであり、ギマンである。それに引っかかってしまった国民やジャーナリスト達が、次なる大戦争へと進んで行く陸軍の手法に踊らされたのであった。ところで司馬さん自身は、初年兵教育が終ると、速成将校教育のために満州へ送られた。するとその後で戦車第十九連隊に動員令がくだり、フィリッピンへ送られた。しかしその途中で、

『輸送船が潜水艦に沈められてほとんど全員が死んだときいている』

と書いてある。

さて満州の四平《しへい》（四平街）にあった陸軍戦車学校に着いた司馬さん達は、四人に一台の割合で戦車をもたされた。その戦車はノモンハン以後改良された「九七式中戦車」で、略称を〝チハ車《しや》〟といった。この〝チハ車〟は今までのとは違って、ディーゼル・エンジンが装備されていたのである。しかも水のない満蒙地帯を想定して、空冷式であったというから、ゼロ戦などが空冷式エンジンだったと同じような発想であろう。

しかも〝チハ車〟は車高が低く、しなやかな感じで、『当時の陸軍の技術家の能力は高く

評価できる』とほめてある。このようにして美点は美点として大いに称讃するのは結構なことだ。しかし一方、

『この戦車の最大の欠陥は、戦争ができないことであった。敵の戦車に対する防御力も攻撃力もないにひとしかった。防御力と攻撃力がない車を戦車とはいえないという点では先代の八九式と同様で、鋼板がとびきり薄く、大砲が八九式の五七ミリ搭載砲《とうさいほう》をすこし改良しただけの、初速の遅い（つまり砲身のみじかい）従って貫徹力のにぶい砲であった。チハ車は昭和十二年に完成し、同十五年ごろには各連隊に配給されたが、同時期のどの国の戦車と戦車戦を演じてもかならず負ける戦車であった』（四十一頁）

というのだから残念な話である。

部分と全体

何事によらず、その一部分だけを捕えて、全てがそうだと判断するのも、決して正しい観方《みかた》ではない。それを「光明思想」と思ったりするのが生長の家の処世法でもない。私が大学の心理学科に入学したところは、ゲシュタルト心理学（形態心理学）というのが盛大に研究されていたが、これは一部の現象ではなく、全体の中の一部としてそれを捉《とら》える考え

方であって、アメリカでは行動心理学というのも盛んで、日本でも教授されたが、これも静止した状態の心理学ではなく、行動の中で捉えるという学問であった。信仰でも、それの一部分を智識として「知っている」というだけではなく、生活全体の中で、いかに行じて（行動して）いるかが大切だという点で、全てに通ずる正当な評価の仕方であると言えるであろう。

とにかく当時のわが陸軍は、機械化の面では非常に遅れていた。しかもそれを〝精神力〟で補おうとし、又補えると考えた点で、大変な間違いを犯し、それが無謀な大東亜戦争にまで続いたのであった。即ち司馬さんは次のように述べておられる。

『参謀本部の思想は、

「戦車であればいいじゃないか。防御鋼板の薄さは大和魂でおぎなう。それに薄ければ機動力もある（厚くて機動力をもつのが戦車の原則）。砲の力がよわいというが、敵の歩兵や砲兵に対しては有効ではないか（実際は敵の歩兵や砲兵を敵の戦車が守っている、その戦車をつぶすために戦車が要る、という近代戦の構造をまったく知らなかったか、知らないふりをしていた。戦車出身の参謀本部の幹部は一人もいなかったから、知らなかったというほうが、本当らしい）」

「陸軍の技術者は、兵科の将校の鼻息に吹っとんでしまうような存在だったんですよ」と、戦後、私に参謀をつとめたことのある兵科の少佐がいったことがある。技術将校が硬論を吐くとすぐ飛ばされた。兵科将校のいうことにご無理ごもっともという出入り商人的な技術将校だけが出世を約束されるという仕組みになっていた、という。』（四十一―二頁）

このようにして〝参謀本部〟などという中枢的存在の国家機関が、精神主義をとなえながら内実は精神的にも堕落していたのでは、その国家の命運は没落への道を辿《たど》る外はなかったのである。しかもどの兵器も同じような思想で作られていた。それも財政的束縛によるものではなく、

『もともとこの権力集団がいかに気が小さく、貧乏くさく、「国際的水準」というまぶしい白日の下の比較市場に自己を曝《さら》しだすことがおそろしく、むしろ極東の僻隅《へきぐう》で卑小な兵器をこそこそと作ってそれをおもおもしく「軍事機密」にして世界に知られないようにするという才覚のほうへ逃げこんだと見るほうが、当時の日本国家の指導者心理を見る上であたっているようにおもえる。この世界最弱のチハ車は、誕生からその終末まで滑稽《こっけい》なことにもっとも重要な軍事機密であった。』（四十二頁）

勝てない戦車

一方ソ連のBT戦車はノモンハンでまるで雲霞《うんか》の如く押しよせて来たが、BT戦車の三七ミリ砲は長い砲身をもっていたため初速が迅《はや》く、『従って貫徹力がすごかった。日本の五七ミリは砲身がとびきりみじかく初速遅く貫徹力がにぶいため、一分間に十五発撃てるという能力をもちながら撃てども撃てども小柄《こがら》なBT戦車の鋼板にカスリ傷もあたえることができなかった。逆に日本の八九戦車はBT戦車の小さくて素早い砲弾のために一発で仕止められた。またたくまに戦場に八九戦車の鉄の死骸《しがい》がるいるいと横たわった。戦闘というより一方的虐殺であった。こういうばかばかしい戦闘を現場でやらせられた中隊長のうち生き残った者の二人だったか三人だったかが発狂し、静岡の精神病院に送られた。この攻撃力皆無の格好だけの戦車にのせられて味方は全滅、敵は全勝という機械対機械の現場の指揮をやらされれば、有能な指揮官ほど発狂するであろう。

この敗戦で日本はあわててチハ車の車体に四七ミリの長い砲をつけて世界なみにした。その改造さえ太平洋戦争の終了までのあいだに十台に一台ほどがそのようになされたにすぎなかった。日本が四七ミリをつけてほっと一息ついたときは悲惨なことに世界の中戦車の砲の標準は七五ミリという野砲なみのものになっていた。』（四十三―四頁）

三国同盟

ところが一方旧海軍には、必ずしもこのような機械的能力の軽視という習性はなかったようで、極力米英の海軍力に劣らぬことを心掛けて軍縮交渉に当たったが、貧しい財政や政策がそれをゆるさず、遂《つい》に対米英戦のボタンが押されてしまったのである。それに先立って先ず日独伊三国同盟が締結されたのは松岡洋右《ようすけ》外相の時代（昭和十五年）だが、昭和十六年の独ソ開戦後彼は〝対ソ開戦〟を唱え、対米関係ではつねに強硬姿勢をとり続けた人である。当時の陸軍は三国同盟を望んでいたが、そのころの総理は海軍大将米内光政だった。しかしこれでは三国同盟は結べないと考え、米内内閣の陸軍大臣だった畑俊六《しゅんろく》を辞職させ、内閣総辞職へと追い込んだ。こうして第二次近衛内閣となり（昭和十五年七月）、東条英機陸相、松岡洋右外相でもって三国同盟締結をすすめ、陸軍は仏印やタイへの進出を試みたのである。

しかし昭和天皇はこのようなマキアベリズムの行動には前々から反対しておられ、「神代からの御方針である八紘一宇《はっこういちう》の真精神を忘れない様にしたいものだね」と仰せられたと、当時の内大臣《ない》だった『木戸幸一日記』には記してある。〝八紘一宇〟とは、全ての国が冠の緒《お》の如く一つに結び合う世界、即ち大調和の世界を言うのであって、どこかの国が全世界を統一するというような考え方ではないが、中にはそのように誤解し、国民に誤解させた人たちもいたようである。

一方日米交渉は昭和十五年十二月ごろから始まった。そして昭和十六年四月十六日に米国のハル国務長官が提案した「日米諒解案」は、十八日の〝政府、統帥部連絡会議〟でもほぼまとまりかけたのだが、帰国した松岡外相が拒否して、この日米交渉は行き詰った。こうした〝連絡会議〟なるものは天皇陛下のご出席される「御前会議」以前に開かれて、「御前会議」は、形式的に天皇陛下の御前で、〝連絡会議〟できめた結論が確認されるといった慣例であった。

その後昭和十六年七月には第三次近衛内閣が誕生し、松岡氏の代りに豊田海軍大将が外相となったが、九月六日には陸軍提案の〝国策遂行要領〟が「御前会議」で決定した。その直前に陛下は杉山参謀総長に、「外交と戦争準備は平行してではなく、外交を先行させよ」と述べておられる。そして陛下は「御前会議」でも、

『私は毎日、明治天皇御製《ぎょせい》の「よもの海みなはらからと思ふ世になど波風のたちさわぐらむ」を拝誦《はいしょう》しておるが、どうか』

と陸海の両統帥部長に質問しておられるのであるが、それ以上の実質的権能を陛下は有《も》っておられなかった。

中心帰一したか

このようにして遂に十二月八日の〝真珠湾攻撃〟が行われるのだが、前にも書いたように、米内海軍大臣と山本五十六将軍とはどこまでも三国同盟や日米開戦には反対の立場をとっていた。しかし山本連合艦隊司令長官は、前述の如く「一年半くらいは戦争で大いに暴れられるが、その後のことは分からぬ」と言い、開戦後の和平交渉を待望していたのである。

それもみなこの両者は日米の艦隊能力と、日米の経済力や持久力の差を充分知っていたからであり、当時の陸軍のように、機械力の劣勢が精神力で補えるといった考え方を取らなかったからに外ならない。つまり〝戦えない戦車〟の代りに、〝戦える航空機〟を造り出そうとしたが、残念ながら海軍の飛行機も「薄い防御力」を持つしかなかったようだ。これも「長大な航続距離」を持つための犠牲だったが、この状態が「補給力」の不足によって敗戦への道をつき進み、〝和平交渉〟すらも伸び伸びになってしまったのである。

精神力や愛国心は、それだけが孤立しているものではない。何故なら心は物に現れ、どのような新しい発明や発見も、すべて心の表現だからである。その心が単なる人間の頭脳的知恵に停まるならば、決して「無限力」を生み出すことは出来ないのである。もともと「無限力」は〝肉体〟にはないのだ。それは「神」の中にのみある智慧・愛・生命そのものなのである。その「神の子」なる『真性の人間』を自覚するとき、無限の愛と智慧と力が出現する。それ故『甘露の法雨』には、

『汝《なんじ》ら生命の実相を自覚せよ。

汝らの実相たる「真性の人間」を自覚せよ。

「真性の人間」は神人《しんじん》にして

神そのままの姿なり……』

と記されているのである。このように「智慧」と「愛」とは分離することができない。ごく一部の知恵をもっているだけで、いくら〝精神力〟を引き出そうとしても無駄である。「無限力」は、いくら精神力で力んでみても、出る力には限度がある。それは「神の

愛」を出しうる「神の子・人間の信仰」を持たないからだ。すくなくとも神・仏を敬愛し、礼拝《らいはい》し、感謝する心を持たないでいては、出せる力は限られてくる。経済力でも、自然治癒力でも同じことなのである。

自然を愛さず、自然の動植物を傷つけ、飲み食いしながら、〝自然治癒力〟を出そうとしても、出てくるものではない。平成十三年末には日本にも〝狂牛病〟が発生したといって騒ぎ出した。しかし元来草食動物である牛に、牛の肉や骨を材料にした〝安い飼料〟を与えておいて、どうして牛が病まないでおれようか。それは〝自然〟に反した行為だからだ。〝テロ行為〟でもそうだ。これは自然界には見られぬ反自然的行為である。だからテロ行為は決して人類の幸福をもたらさない。やがて自滅する外はない。人間も、自然を愛し、他の動植物を愛し、山も川も草も木も、みな「自分と一つの神のいのちの顕現である」と自覚し、神意に「中心帰一」するとき、神の国の大調和世界が現れてくるものである。

＊『生長の家』誌＝現在の普及誌以前に発行されていた、生長の家の月刊誌の一つ。昭和五年三月号創刊以来、平成元年三月号まで発行され続け、生長の家の文書伝道の基幹雑誌として、今日の生長の家の発展の礎を築いた。

大小と有事と無事

マナーについて

人の行動は、ちょっとしたことでも、他に大きな影響を与えることがある。だから小さなマナーの悪さも、その国の評判を悪化し、「あの国はダメだ、信用できない」と思われることもある。平成十四年の五月初旬に、ミャンマーの民主化運動家のアウン・サン・スー・チー（Aung San Suu Kyi）さんが解放され、政治活動もできるようになったが、彼女は若いころ京都大学へ一年間留学したことがあった。

だから日本に関しては楽しい経験もあったろうと思うが、現在の彼女はあまり日本を評価しているようには思えない。それはミャンマーに出張している日本の会社員が「傲慢《ごうまん》である」と思われたからだ。もちろん全ての日本人がそうではなかろうが、中には「ごうまん」な人もいて、彼らの印象が悪かったのだろうと思う。

少なくとも良好なマナーを示さなかったに違いない。平成十四年五月八日の『毎日新聞』には、新潟市の青木折枝さん（66）が、こんな投書をよせておられた。

『プロ野球を毎夜楽しんでいます。しかし、2時間前後見ていると、大変嫌な光景に出合うのです。選手がつばを吐く姿です。仮にも、自分の仕事部屋につばを吐きますか？　ただ、選手の仕事部屋が屋外で、広いということだけではありませんか。

テレビにしっかり写っています。人種的なものなのか、そのほとんどは外国人選手です。でも、外国人選手の全員がやるということではないでしょうが……。

あなたたちは日本で野球をやっている以上、ただ顔が少し違うだけで、他は日本人選手と何ら変わっていないはずです。

日本では「郷に入りては郷に従え」という言葉があります。つばを吐く姿は1打席中に2、3回ありますが、その後でホームランを打っても少しも華やかでありません。全員が意識をして美しい日本のベースボールにして下さい。』

たしかに地面に唾《つば》を吐くのはよくない行為だ。しかしこれは日本人もよくやる行為だから、決して外国人ばかりを責めるわけにもいかない。平素私が本部まで道を歩いて行っても、目の前で唾を吐く人がいる。それもきれいなタイル張りの路上でもペッと唾を吐いた青年がいた。手にタバコを持っていたから、よけい唾でも吐きたくなったのかも知れないが……

つばを吐くなど……

これは〝原宿〟という街の一部をちょっとだけ汚したのではなく、〝日本〟を、そして〝地球〟を汚したのである。このような日本人が外国をうろうろすると、日本の評判を下落させることは明らかだ。こんな小さな行為でも、大きな結果を生み出すことは、いくらでもある。こんな事は大人たちが早くから子供に教えなくてはならないマナーの一つだが、その大人自身が唾を吐く〝見本〟を示していることも多いから、要注意である。さらに又同日の『産経新聞』には、愛知県刈谷市の竹内祐司さん（39）の、次のような投書ものっていた。

『先日、散歩をしていたら、自転車が放置してあった。状況からみて、駅かどこかで盗まれたものが乗り捨てられたという感じ。名前と学校名がシールで張ってあった。

自分が自転車で三十分くらいかけ学校に通っていたころのことが思い出され、さぞ困っているだろうと、その名前から電話番号を調べて連絡した。きっと喜んでもらえるだろう。そして「すいません。わざわざ。すぐ伺《うかが》います。ありがとうございました」と言われ、私はうれしくなるはずだった。

ところが、反応は大違い。電話に出た男の子は「もう新しいの買ってもらっちゃったしい、いまごろ出てきても困るしい…」とおかしなアクセントでしゃべる。

腹が立った私は「もういいです」と電話を切ったが、何だか、むなしさがこみあげてきた。

いつから日本人って、こんな風になってしまったんだろう。(会社員)』

これは「ありがとう」とお礼を言う習慣をつけてない子供たちの、自分勝手な返事の一例だ。彼らはしつけられていないから、自分の狭い領域のことだけしか考えない。おかしなアクセントの日本語も、いつの間にか多くの人々に感染してしまったらしいが、誰が日本語の品位を下落させたのかははっきりしない。一部では大学紛争はなやかなりし頃の、学生たちの〝アジ演説〟の調子からこうなったという説もある。

とにかく人々は「ありがとう」とか「お早う」とかというまともなアイサツが出来ない

人間を多数作り出してしまったのだ。しかし私は最近、次のような経験をした。五月のある日のこと、本部から自宅に帰る途中で、狭い路上を歩く私の前を、二十歳前後らしい三人連れの青年たちが同方向に行くのに出合った。そのうち二人の男性が先頭を行き、一人の女性がそのすぐ後ろから歩いていた。すると彼女は歩きながら洟《はな》をかんだ。そして前方の男性の一人の名前を呼んで、ふり向いた彼に彼女は今かんだ洟をふいた紙を、丸めて放り投げた。

するとと彼はうまいことその紙をキャッチして、それを右手に握りしめながら歩いて行った。彼女はウマイウマイというようなコトバを言って笑っていたが、私もその後からついて歩いていると、どうやらその鼻紙を受けとった彼は、どこかへそれを捨てたがっているようであった。しかし見渡したところ、適当なゴミ箱らしいものはなかった。

粋について

ところが私は丁度《ちょうど》その少し以前に、低い植木の生《い》け垣《がき》の葉の上に捨ててあったビニール袋を拾って持っていた。その中にはすでにビニールのクズが入っていたが、まだいくらでもすき間があった。で彼らに近よって行って、鼻紙を握っている青年に、

「それをこの中に入れたら、いっしょに捨ててあげますよ」

と言った。はじめ彼はキョトンとしていたが、やがて私の言った意味が分かったらしく、笑いながらビニール袋の中にそれぞれの鼻紙を捨てた。すると男女三人が集まって来て、みんなが口々に、

「ありがとうございます」

と礼を言い、ニコニコと笑ってあいさつをしてくれた。どの青年も、洟をかんだその女の子も、とても美しい笑い顔でチャンとあいさつをした。私も彼らの「ありがとう」の笑顔を見て、とても気持よく、彼らを追い抜いてしばらく歩き、いつもの交叉点近くにあるクズ箱の中に、ビニール袋ごと捨てたのだった。そして近ごろの若者たちも、まんざら捨てたものではない。ちゃんとした挨拶《あいさつ》も出来るし、鼻紙のキャッチ・ボールも上手だし、と思ったのであった。

　このようにコトバの力は、大きくて、笑顔も美しい。コトバのことで言うと、大相撲には「呼び出し」という力士を呼び出す専門家がいるが、この「呼び出し」さんも、実はいろいろと練習したり工夫したりしておられるようだ。平成十四年五月八日の『毎日新聞』には、こんな記事がのせられていた。

『(前略)「お前、やれよ」。呼び出しの最高位である立呼び出し、米吉(64)=本名・安藤米二さん=は花道の奥で、ぶっきらぼうに言った。栃東が親子2代の優勝を果たした初場所千秋楽。優勝決定戦の呼び上げは、立呼び出しが行うのが慣例だが、一足早く65歳定年を迎える副立呼び出し、栄太呂に花を持たせた。栄太呂は黙ってうなずき、最後の土俵へ向かった。米吉は思った。「おれにも(定年が)来る。その時にゃ、涙出るかなー」

角界入りは1947年。まだ9歳だった。配給に頼る戦後の貧しい時代。「この世界でやっていくしかなかった」。相撲という伝統文化の「音」を担う呼び出しの頂点に上り詰めるまでに、半世紀以上かかった。

大一番の直前。一瞬静まり返った空気の中に響きわたる、つやのある呼び上げには華《はな》がある。しかし、この世で一番怖いのは、静寂だという。土俵の上で自分をさらけ出すことになるからだ。恐怖を追い払うため、15日間の呼び上げをすべて録音し、チェックする。一方でMDをそでに忍ばせて、ジャズを楽しむ。ストイックさと遊び心を併せ持つことが、「粋《いき》」と呼ばれる秘けつなのだろう。(後略)』

粋(いき)とは意気《いき》から出た言葉のようでもあるが、江戸後期の町人の〝理想〟とされた心であり、あかぬけがして、気がきいてさっぱりとしている風情《ふぜい》だ。この反対が野暮

（やぼ）といわれて、もっさりとした感じである。しかも粋であるためには、地位や名誉に対する執着が抜けている必要があるという。「呼び出し」さんも単純そうに見える仕事であっても、〝静寂〟に打ち克って心をきたえることにより、後輩に思いやることもできるのだ。すると当然「ありがとう」というコトバが出てくるであろう。

そのままの心

しかし「粋」は、いきがろうとして、小細工を弄したり、みえを張るようではダメだ。議員さんの地位にしがみついて、黒を白と言い張るようでは「野暮の骨頂《こっちょう》」となるだけである。『生長の家』の信徒行持要目*の中の第二項に「そのままの心を大切にすべし」とある、その心であって、次のように記されている。

『そのままは零《れい》なり、一切なり、〇《まる》なり、円満なり、無礙《むげ》なり、無限供給なり、調和なり、病なきなり、一切の不幸、災厄、病難はそのままを外したるときあらわれるなり、顧みてそのままの心に復《かえ》るとき、一切の不幸は滅す。』

即ち、「ありがとうございます」となるのが当然である。

ところで春の国会では〝有事三法案〟なるものが提出され、いろいろと論じられたが、平成十四年四月十八日の『毎日新聞』〝余録〟欄には、次のような記事がのっていた。
『有事3法案が国会に提出された。「我が国の緊急事態対処の全般を見直して、いかなる事態にも対応できる安全な国づくりを進める所存であります」と小泉純一郎首相は談話を出した▲「有事」とは何だろうか。「ふだんと変わった事件。また、戦争が起こること」と「日本国語大辞典」第2版（小学館）にある。有事の反対が無事。同じ辞典で記事の行数を数えたら、有事の6行に対して無事は36行。無事のほうが6倍も長い▲人々が心から願い、願ってもなかなか願い通りにならないのが無事だ。従って用例も多い。なかに「老子」の一節が引かれている。「無為をなし、無事を事とし、無味を味わう」のくだり。人目につく働きをせず、無事を事とし、言行は淡泊無味を旨とする（続く）』
この〝有事〟と〝無事〟との件は、なかなか奥が深くて、ついには「そのままの心」の領分に入る。すると当然「大と小」との問題にさしかかる。そして大は小をかねるが、小もまた大をかねることになる。『老子』の原文をひらいて見ると、第六十三章にこう書かれている。（朝日文庫の下巻一三五頁。福永光司著・中国古典選11より）
『無為《むい》を為《な》し、無事《ぶじ》を事《こと》とし、無味《むみ》を味《あじ》わう。小を大とし、少《しょう》を多《た》とし、怨《うら》みに報ゆるに徳を以《もっ》てす。難《なん》を其《そ》の易《い》に図《はか》り、大を其《そ》の細《さい》に為《な》す。天下の難事《なんじ》は、必ず易《い》より作《おこ》り、天下の大事は、必ず細より作《おこ》る。是《ここ》を以て聖人は、終《つい》に大を為《な》さず、故に能《よ》く其《そ》の大を成す。夫《そ》れ軽諾《けいだく》は必ず信寡《しんすくな》く、易《やす》しとすること多ければ必ず難《かた》きこと多し。是《ここ》を以て聖人は猶《な》お之《これ》を難しとす。故に終《つい》に難きこと無し』と。

言うまでもなく「無為」とは何もしないのではない。「そのままの心」を行ずるのだ。「無事を事とし、無味を味わう」のも同意である。今のままの欲心を捨て、「神の子・人間」なる本心そのままを行《ぎょう》ずるのである。これは言うは易いが、行うのにはなかなかの修行がいる。〝人生勉強〟が必要だ。

有事と無事

そこで当然「小を大とし、少を多とし、怨みに報ゆるに徳を以てす」となる。小さいことが実は小さくはなく、大なのである。ちょっとした深切が、いのちを救い、国を助けるような大事件にまで発展する。平成十四年五月八日には中国の遼寧《りょうねい》省の瀋陽《しんよう》市の日本総領事館に、五人の亡命希望者（一家族）が駆け込んだ。それを追いかけて、中国の人民武装警官が総領事館内まで侵入して、ムリヤリこの五人を連れ出した。これは明らかに日本国在外公館の不可侵を定めている「領事関係に関するウィーン条約」違反だというので、日本政府は中国に抗議した。しかし中国はかえって「ウィーン条約を守っているのだ」と反論し、国際問題として世界的な関心を引き起してしまった。

その時のビデオ録画などを見、泣き叫ぶ五人の悲鳴を聞くと、胸がいたむ思いをした人も多いだろう。が同時に日本の領事館職員の傍観者のような態度に批判の声が高まった。しかも彼らの一人（副領事）は、侵入した中国警察官が館内に取り残して行った帽子を拾って手渡ししているのだ。これは〝小事〟であるようだが、武装警官の侵入の証拠物件となるものを、わざわざ返却してやったのであるから、〝どうかしている〟と言わざるを得ない。有事の認識が欠落した〝野暮〟の見本だろう。決して〝粋〟だとか、「怨みに報ゆるに徳を以てした」とは言えない行為であった。

しかもその後中国側は、「武装警官は総領事館内で、副領事の許可を得た」と発表し「お礼を言った」とも言う。もしこれが事実なら、ちょっとしたコトバのやりとりが、日本と中国との立場を逆転させる結果になるだろう。すると五月十一日の『読売新聞』でも、第三面「見出し」に『駆け込みの2人　館内で10分放置』とか『侵犯の証拠「帽子」渡した副領事』と大書して報道した。さらに帽子を手渡したことについては、

『（前略）だが、本来、侵入の証拠として現場保存に必要な警官の帽子をなぜ拾い集めたの

かとの疑問は残る。
この後、「館内にまだ二人いる」との武装警官の会話を耳にした副領事と現地職員らが、館内に戻り、ビザ申請待合室に入ると、女性たちと敷地内に駆け込んできた北朝鮮住民男性二人がベンチに座っていた。その直後、武装警官ら五、六人が侵入し、副領事らの眼前で革ベルトで二人を拘束、連行したという。総領事館では、男性はいずれも抵抗せず、あっという間に連行されたため、制止する余裕がなかったとしている。
だが、男性二人は、ビザ申請待合室に入ってから約十分間ベンチに放置されていたとみられ、「別室に保護するなどの措置を講じていれば、連行を食い止めることができた」（関係筋）との指摘も出ている。（後略）』
要するに、〝何が「有事」で何が「無事」か〟の判別がつかないので、〝無事ボケ〟が起っているのかも知れないし、〝小〟が〝大〟と不可分の関係にあるという「公案」が解らないからでもあろう。

「信仰生活」は楽しい

もしここで中国政府の言うように、「副領事が武装警官に、〝ありがとう〟と言った」というのが本当なら、「ありがとう」の使い方が少々おかしいということになる。さらに中断していた『毎日新聞』の〝余録〟欄の続きを紹介すると、

『▲小さい事柄を小さいからと等閑に付することなく、大きな事柄になる始めと考え、少ないと言って等閑視することなく、多くなる始めと考えて細心に事を運ぶ。恨みに報いるに徳をもってすれば、人間の間の争いなど、大事に至らずして終わる▲難しい事件は、まだやさしい状態にあるうちに解決をはかるべきであり、大きい事件は、それがまだ細かいうちに治むべきである。大体、天下の難事は必ずやさしい事柄から起こり、天下の大事は必ず細部から起こる。そこで、聖人は事を未然に処理するから、結局、大きい仕事をしないということになると老子は続ける▲つまり無事を事とすることができるわけだ。何も安閑と日を送り、のんびり昼寝しているわけではない。積極的無事。ほんとは有事より無事のほうが何倍も難しい、と老子は言いたかったようだ。日本もいざ有事というときでは遅い。無事のときが大事だ。有事3法案に代えて、無事3法案を出したら?』

この最後の一句のようにして「無事3法案」を国会に提出すれば、この法案が〝無事に〟通過して可決されることはないだろう。しかし「生長の家」の『信仰生活の神示』の中には、次のように示されている。

《信仰生活とは無用意の生活ではない。すべてに於《おい》て完全に用意されている生活である。凡《およ》そ信仰生活ほど完全に用意されている生活はない。それは心が完全に用意されているだけではなく、物質にも完全に用意されている生活である。物質は心の影であるから心が完全に用意されているとき物質も必要に応じて完全に与えられるのである。家庭は一つの有機体であるから、良人《おっと》が明日の用意をしないときには妻が明日の用意をするようになる。妻が明日の用意をしないときには良人が明日の用意をする。右の手が利かなくなったら左の手が利くように成るのも同じことだ。それは自然の代償作用でそう成るように計《はか》らいがあるのである。それは有難い自然の計らいであるから、夫婦互いに感謝するが好《よ》い。信仰生活とは明日の用意をしない生活だと思って、明日の用意をする配偶《つれあい》を信仰がないと思って夫婦が争っている信仰深い家庭があれどもみんな誤った信仰である。『明日のことを思い煩《わずら》うな』と云《い》う意味は『明日の用意をするな』と云うことではない。信仰生活とは冬が来てから綿入《わたいれ》を縫えと云うような生活ではない。秋から冬に要る綿入を縫うて置いても、それは『取越苦労《とりこしくろう》』ではない。心が整えば秋から冬に要るものがちゃんと判《わか》って、自然法爾《ひとりで》に其《そ》の要る物を用意したくなるのである。自然法爾《ひとりで》と云うものは、外から自然に与えられることばかりではない、内から自然に催して来るこころの中《うち》にも自然法爾《ひとりで》がある。心が乱れて病気になったとき心が調えばその病気を治すに適当な食物が欲しくなるのも自然法爾《ひとりで》である。野の鳥も卵を産む前に自然に巣を造りたくなる。卵を産む前に巣を造っても小鳥は取越苦労をしているのではない。『生長の家』の生活は物質に捉《とら》われない生活だと言っても、物質をきたながる生活ではない。金銭を穢《きたな》いもののように思ってそれを捨てねば気が安まらぬような心も物質に捉われているのである。物質は影であるから綺麗《きれい》も穢いもない。卵を産む前に小鳥が巣を造りたくなるように自然に用意したくなる時には内からの囁《ささや》きに導かれて好《よ》い、心が調えばその心の展開として用意すべきものは適当の時に用意したくなる。すべて用意するものを信仰浅きものと思うな。用意しないで取越苦労をしている生活もあれば、取越苦労をしないで自然に用意している生活もある。(昭和六年十二月五日神示)》

このように「自然法爾」も「そのままの心で」ということであり、この心は「仏心」でありかつ神の子・人間の「本心」であるから、全ての人々にすでに実在している「真心」である。そこから出てくるのが「ありがとう」のコトバだが、これを言うのも「人・時・処の三相応」が必要で、これらの要目は全て〝修行〟といわれる練習を積み、訓練をうけるという「衆善奉行《しゅぜんぶぎょう》」がなくてはならないのである。

ところが現在の政治家たちは、「政治家たるものは聖人君子でなくてもよろしい」などと考えているから、俗臭芬芬《ふんぷん》たる現実が構成され、次々に悪事露見《ろけん》となり果てているのである。しかし、

「聖人は終《つい》に大を為《な》さず、故に能《よ》く其《そ》の大を成す」

と老子は言う。これは「聖人」の方が楽しいよと教えている要所だ。即ち世のなかの大事は、いつでも些細《ささい》なことから起こる。だから聖人は無為《むい》である、そのままの心であって、何か大きな仕事をやらかそうなどと思わない。自然法爾に、スーッと大事を成しとげてしまう。そして決して軽諾《けいだく》（安うけあい）をしない。「俺《おれ》に委《まか》せておけ」などとつまらぬ見えを張りはしない。だから無為の聖人には何も困ることが起って来ないのだ。そう老子は「聖人」と「君子」の楽しさを説いているのである。政治家にとっても、まことにありがたいお話ではないだろうか。

＊『生長の家』の信徒行持要目＝生長の家信徒が日々生活において実践すべき主要な八項目。『新版 菩薩は何を為すべきか』『新編 聖光録』（いずれも日本教文社刊）等に収録されている。

「無限」を生きるために〔完〕

「無限《むげん》」を生《い》きるために

平成十五年四月十五日　初版発行
平成十七年二月二十五日　四版発行

著　者　谷口清超（たにぐち　せいちょう）

発行者　岸　重人
発行所　株式会社　日本教文社
東京都港区赤坂九―六―四四　〒一〇七―八六七四
電話　〇三（三四〇一）九一一一（代表）
〇三（三四〇一）九一一四（編集）
FAX〇三（三四〇一）九一一八（編集）
〇三（三四〇一）九一三九（営業）

頒布所　財団法人　世界聖典普及協会
東京都港区赤坂九―六―三三　〒一〇七―八六九一
電話　〇三（三四〇三）一五〇一（代表）
振替　〇〇一一〇―七―一二〇五四九

組版　レディバード
印刷・製本　光明社

ISBN4-531-05228-5